JN423460

크레이그 바르톨로뮤 박사는 전도서 연구로 박사 학위를 받은 지혜서 전공자이며 동시에 해석학 분야의 권위자이기도 하다. 이제 그는 욥기에 대한 저술을 통해 지혜서 연구의 장을 또 하나 펼쳐 가고 있다. 욥기에 대한 개괄적인 문예적, 신학적 소개를 제공할 뿐 아니라, 욥의 신앙적 성숙의 과정을 깊이 있게 탐구하면서 이를 예수님과 독자의 삶에 차례로 투영한다. 욥기의 메시지에 대한 통전적인 관찰을 통해 독자들이 숙고해야 할 깊은 신앙적 물음을 던지고 있는 본서를 진심으로 추천하며 일독을 권한다.

— 김희석 (총신대학교 신학대학원 구약학)

욥기. 실존적으로, 철학적으로, 신학적으로 좀처럼 이해하기 어려운 책입니다. 욥기는 독자들에게 맹렬한 화덕 속에서 빚어져 가는 한 사람의 고독한 여정에 조용히 동참해 볼 것을 요구하는 책입니다. 이 책의 저자는 삶의 모순과 부조리, 신과 인간 사이의 건널 수 없는 심연, 이해할 수 없는 고통과 고난, 신앙의 순전성과 보상, 삶의 길과 지혜, 탄식과 경외 등 욥기의 다면적 주제들을 다층적으로 접근합니다. 저자 바르톨로뮤는 지혜문학 전공자인 동시에 신학적·철학적·해석학에 조예가 깊은 학자로, 욥기의 심오한 안건들을 쉽고 간명하게 드러내어 우리를 성찰의 해변으로 이끌어 줍니다. 이 책은 학적이며 실제적이고, 신학적이며 신앙적인 책입니다. 독서 그룹에서 사용하기에 참 좋은 간단한 욥기 안내서입니다.

— 류호준 (백석대학교 신학대학원 구약학)

욥기는 고난 또는 하나님의 통치는 인간의 이해를 넘어서는 신비라는 점을 말해 주는 책이다. 저자는 이를 정확히 주석하는 동시에, 설교에 가까울 정도의 쉽고 아름다운 문체로 극심한 고난 중에 있는 그리스도인이 어떻게 욥기로부터 위로를 얻고 신앙 성장을 위한 도움을 얻을 수 있는지 친절히 해설한다. 바르톨로뮤와 같은 저자들이 있어 욥기는 이제 더 이상 멀고 어려운 책이 아니다. 바르톨로뮤는 고난을 통해 십자가의 제자도를 익혀 가는 노정에 있는 그리스도인에게 욥기는 필수 불가결의 교과서라고 강조한다.

— 현창학 (합동신학대학원대학교 구약학)

Copyright © 2014, 2016 by Craig G. Bartholomew
Originally published in English under the title
When You Want to Yell at God: The Book of Job
by Lexham Press, 1313 Commercial St., Bellingham, WA 98225, U.S.A.
All rights reserved.

Translated and used by permission of Lexham Press.

This Korean Edition Copyright © 2017 by Jireh Publishing Company,
Goyang-si, Gyeonggi-do, Republic of Korea.

이 한국어판 저작권은 Lexham Press와 독점 계약한 이레서원에 있습니다.
신저작권법에 의하여 한국 내에서 보호받는 저작물이므로 무단 전재와 무단 복제를 금합니다.

하나님께 소리치고 싶을 때: 욥기

When You Want to Yell at God : The Book of Job

하나님께 소리치고 싶을 때: 욥기
When You Want to Yell at God: The Book of Job

크레이그 바르톨로뮤 지음
송동민 옮김

초판 1쇄 인쇄 2017년 6월 19일
초판 3쇄 발행 2023년 11월 10일

발행처 도서출판 이레서원
발행인 문영이
출판신고 2005년 9월 13일 제2015-000099호

기획, 마케팅 신창윤
편집 송혜숙
총무 곽현자

경기도 고양시 일산동구 백석로71번길 46, 1층 1호
Tel. 02)402-3238, 406-3273 / Fax. 02)401-3387
E-mail: Jireh@changjisa.com
Website: Jireh.kr / Facebook: facebook.com/jirehpub

책값은 표지에 있습니다.

ISBN 978-89-7435-488-6 03230

신저작권법에 의해 한국 내에서 보호받는 저작물이므로 저작권자의 서면 허락 없이 이 책의 어떠한 부분이라도 전자적인 혹은 기계적인 형태나 방법을 포함해서 그 어떤 형태로든 무단 전재하거나 무단 복제하는 것을 금합니다.

01 일상을 변화시키는 말씀

하나님께 소리치고 싶을 때
: 욥기

When You Want to Yell at God
The Book of Job

크레이그 바르톨로뮤 지음
송동민 옮김

이레서원

"도가니는 은을, 풀무는 금을 연단하거니와
여호와는 마음을 연단하시느니라"(잠 17:3)

목차

1장

서론

한 학생이 브레바드 차일즈(Brevard Childs) 교수에게 어떻게 하면 더 좋은 성경 주해자가 될 수 있는지 물어본 적이 있다. 그러자 차일즈 교수는 이렇게 답했다. "더 깊이 있는 사람이 되도록 하게!" 성경의 욥기는 그 주된 등장인물이 더 깊이 있는 사람이 되어 가는 과정에 관한 이야기인 동시에, 이 책을 읽는 이들 역시 하나님이 그 성품을 빚어 가시게끔 그분께 자신의 삶을 내어 맡기도록 초청하는 이야기다.

욥기의 개요

1. 서론: 욥, 하나님, 고발하는 자(1-2장)
2. 욥과 친구들 사이의 대화(3-26장)
3. 욥, 엘리후, 하나님의 독백(27-41장)
4. 결론(42장)

개관

욥기는 성경의 문학적 예술성을 보여 주는 최상의 사례 중 하나이다. 이 책은 주로 시의 형태를 띠며, 여기에 이야기식의 서론(1-2장)과 결론(42장)이 포함되어 있다. 서론에서는 "온전하고 정직하여 하나님을 경외하며 악에서 떠난"(1:1) 사람이었던 욥에게 초점을 맞추며, 이를 통해 뒤의 시 부분에서 이어질 논의의 토대를 놓는다. 여기서 하나님은 욥을 기쁘게 여기신다. 그러나 '고발하는 자'(히브리어로는 *ha-satan*)는 주장하기를, 욥은 피상적인 믿음을 지녔을 뿐이며 만일 하나님이 그의 건강과 재물을 거둬 가시면 그 믿음을 잃고 말 것이라고 한다(1:9-11; 2:4-5). 하나님은 고발하는 자(곧 사탄)가 욥과 그 가족에게 재앙을 초래하도록 허용하신다. 그리하여 욥은 이 세상에서 소중히 여기던 모든 것, 곧 자기 재산과 사람들, 그리고 자신의 건강까지 잃고 만다.

2장 끝부분에서는 세 친구 엘리바스와 빌닷과 소발이 고난받는 욥을 위로하러 찾아오고, 3-31장에 이어지는 시 부분에는 이 세 사람과 욥 사이의 대화가 담겨 있다. 그들은 욥이 당한 불행의 원인이 무엇인지 숙고하고, 하나님의 호의를 되찾을 방법들을 그에게 제안한다. 그리고 32-37장에서는 엘리후라는 또 다른 인물이 욥에게 조언한다. 끝으로 38-41장에는 욥에게 주시는 하나님의 대답이 기록되어 있다. 하나님은 여기서 모든 창조 세계에 대한 그분의 신적 주권을 강조하시면서도, 욥이 고난당한 이유를 명확히 설명해 주시지는 않는다. 하나님과 대면한 욥은 겸손히 자신을 낮추게 되고, 이 책은 하나님이 욥의 가족과 재산을 회복시켜 주시는 것으로 끝이 난다(42장).

욥 이야기의 시대적 배경은 언제인가?

이 책이 언제 기록되었는지는 불분명하다. 그러나 이야기의 시대적 배경은 족장 시대(아브라함과 이삭과 야곱이 생존했던 시기)인 듯하다. 이 점에 관한 증거로는 욥이 제사를 드렸다는 점과 그 재산 규모가 가축의 수효로 측정되었다는 점, 또 일부 언어적인 요소들을 들 수 있다.

욥기의 신학적 중심

(종종 '카르마'[karma]나 '시적 정의'[poetic justice]로 불리는) '뿌린 대로 거둔다'라는 윤리 사상은 문화 일반에 큰 영향을 끼쳐 왔다. (인터넷에 퍼진 동영상에서 보듯이) 성난 운전자가 다른 차 앞에 불쑥 끼어들었다가 곧장 충돌하고 마는 모습은 그 말뜻을 보여 주는 현대의 사례이다. 사실 그 사상은 새로운 것이 아니다. 고대의 사람들 역시 한 사람의 품행과 그가 겪는 일 사이에는 직접적인 인과관계가 존재한다고 믿었다. 고난은 나쁜 행실에 대한 징벌로 여겨졌고, 반대로 번영은 좋은 행실에 대한 보상으로 받아들여졌다. 어떤 이가 사악하게 살아갈 경우, 그는 (또는 그의 후손이) 결국 마땅한

벌을 받게 될 것이 분명했다.

한 예로, 요한복음 9:2에서 예수님의 제자들은 태어날 때부터 눈이 먼 사람을 보고 이렇게 묻는다. "이 사람이 맹인으로 난 것이 누구의 죄로 인함이니이까 자기니이까 그의 부모니이까." 이 본문과 또 다른 구절(예를 들어 누가복음 13:1-5)에서 예수님은 죄와 고난이 그런 인과관계로 긴밀히 얽혀 있다는 생각을 물리치신다. 하지만 시편 7:14-16이나 잠언 26:27 등의 구절을 통해 볼 때, 성경의 지혜 문헌은 때로 그런 생각을 장려하는 듯이 보인다.[1]

> "악인이 죄악을 낳음이여 재앙을 배어 거짓을 낳았도다 그가 웅덩이를 파 만듦이여 제가 만든 함정에 빠졌도다 그의 재앙은 자기 머리로 돌아가고 그의 포악은 자기 정수리에 내리리로다"(시 7:14-16)
>
> "함정을 파는 자는 그것에 빠질 것이요 돌을 굴리는 자는 도리어 그것에 치이리라"(잠 26:27)

이런 구절들에서는 죄와 어리석음이 우리를 고난으로 이끌어 갈 수 있으며, 실제로도 그렇게 된다는 것을 상기시켜 준다. 그러

---

1 Craig G. Bartholomew, *Reading Proverbs with Integrity* (Cambridge: Grove, 2001, 『잠언 바로 읽기』, 성서유니온선교회)를 보라. 그리고 Michael V. Fox, *Proverbs 1-9* (Anchor Yale Bible 18A; New Haven: Yale University Press, 2000), 91-92도 참조하라. 이 신학은 때로 '기계적 보응'이라 불린다.

나 욥기가 우리에게 일깨워 주는 것은 모든 고난이 죄의 결과로 빚어지는 것은 아니라는 점이다.

욥의 세 친구는 욥이 당한 고난이 (욥 자신이나 그 가족의) 나쁜 행실과 어떤 식으로든 연관되어 있음이 분명하다고 계속 주장한다. 이에 따라 욥기는 종종 인습적인 지혜, 특히 성경의 많은 격언에서 발견되는 단순한 인과관계의 신학에 맞대응하는 책으로 해석되어 왔다. (그리고 그 대응은 위기에 의해 초래된 것이다.) 그러나 (잠언의 경우와 마찬가지로) 욥기에 관해 이렇게 단순화된 이해를 따를 때, 성경의 지혜 문헌에 담긴 풍성한 신학적 메시지를 잃어버리게 된다.[2] 뒤에서 논증하겠지만, 욥기는 그런 격언에 담긴 지혜에 위기가 찾아왔음을 나타내는 것이 아니다. 지혜는 우리를 복된 상태로 이끄나 그 지혜에 이르는 길이 험난할 수 있음은 잠언 자체에서도 인정한다.

잠언 17:3은 (욥기와 잠언을 비롯한) 지혜 문헌의 가르침이 지향하는 전반적인 목적을 찾는 데 하나의 단서가 된다. 그 구절은 이러하다. "도가니는 은을, 풀무는 금을 연단하거니와 여호와는 마음을 연단하시느니라." 금속 가공의 이미지는 혹독한 형성 과정을 상기시킨다. 금과 은을 귀금속으로 변형시키려면, 먼저 뜨거운 열에 노출시켜 제련해야 하기 때문이다. 잠언의 현명한 저자는 지혜

---

2 Bartholomew, *Reading Proverbs with Integrity*를 보라.

> 잠언은 지혜로 나아가는 길에서 극심한 시험과 고난과 정화의 과정을 겪을 수 있음을 가르친다. 우리가 욥기에서 발견하게 되는 것은 바로 이 가르침이다.

로 나아갈 때 먼저 뜨거운 용광로를 거치게 될 수 있음을 잘 알고 있다! 잠언은 한 사람의 중심에 있는 것은 바로 **마음**임을 거듭 밝힌다. 그러므로 여기서 염두에 둔 것은 한 개인의 존재 가장 깊은 곳까지 영향을 끼치는 영적, 도덕적 형성 과정이다. 지혜를 그저 손쉽게 습득할 수 있으며 자동으로 복을 가져다주는 기술로 제시하기보다, 오히려 잠언은 지혜로 나아가는 길에서 극심한 시험과 고난과 정화의 과정을 겪을 수 있음을 가르친다.

우리가 욥기에서 발견하게 되는 것은 바로 이 가르침이다. 욥기는 바로 그 용광로 같은 **연단 과정**에서 정련될 때 경건한 인격이 형성됨을 가르쳐 준다.

| 읽어 볼 글들 |

- 욥기 1-2장
- 시편 7편
- 잠언 1:1-19

| 생각해 볼 질문 |

01 당신은 성경 말씀을 읽으면서 그 내용을 언제나 참된 것으로 여기는가? 아니면 당신이 볼 때 그 내용은 그저 대체로 옳을 뿐인가?

---

02 당신은 복과 고난이 어떻게 연관된다고 생각하는가?

2장

욥의 초상

만약 욥이 익숙한 인물로 느껴진다면, 그를 다소 낯설게 여기는 편이 좋을 것이다. 욥기 1:1은 그가 우스 땅에 살았다고 기록하는데, 이곳은 에돔(요르단 남부 지역)과 바벨론(이라크의 중남부 지역) 사이의 어디쯤이었던 듯하다. 놀랍게도, 이 이야기는 이스라엘 백성이 아니었던 한 사람에 관한 것이다. 그는 약속의 땅에서 멀리 떨어진 곳에 살았다. 본문에서 욥은 "하나님을 경외하며 악에서 떠난" 경건한 사람으로 묘사된다(1:1). 1:1-5에서 하나님을 가리키는 이름은 일반적인 명칭인 '엘로힘'이다. 그러므로 욥이 섬긴 신(들)의 정체성이 얼른 뚜렷이 드러나지는 않는다. 그러나 1:6부터는 하나님을 나타내는 이름이 주로 '여호와'로 바뀌어 언급되는데, 이는 이스라엘과 언약을 맺으신 하나님의 고유한 성호이다.

그러므로 우리는 여기서 욥이 여호와를 섬기며 경외하는 이임을 분명히 알게 된다.

성경 전체에서 '하나님을 경외하는 것'은 지혜를 나타내는 고전적 표현이다. 이 책의 시작 부분에서 욥은 이스라엘과 언약을 맺으신 하나님(여호와)을 경외하는 의인이자 비할 데 없이 지혜로운 사람으로 묘사된다. 그는 이스라엘 백성이 거주한 땅에서 멀리 떨어진 동쪽에 살고 있었다. 그는 엄청난 재산을 소유하고 있었으며, 1:3에서는 "동방 사람 중에 가장 훌륭한 자"로 묘사된다.

우스 땅은 어디였는가?

욥이 살았던 우스 땅의 구체적인 위치를 파악하기는 어렵다. 1:3에서는 그 땅이 "동방"에 있었다고 언급하지만, 그 이상의 지리적 정보는 나타나지 않는다. 다른 성경 본문들을 살필 때, 우스는 이스라엘 남쪽의 에돔 부근(애 4:21)이나 북쪽의 아람 부근(창 10:22-23)에 있었을지도 모른다.

이웃 사람들에게 욥은 그런 인물로 보였다. 그러면 하나님이 보시기에는 어떠했을까? 1장과 2장의 이야기는 하늘과 땅 사이를 오가고 있다. 흥미롭게도 1:8에서 여호와께서는 사탄에게 욥을 주목하게 하시면서, 이야기 서술자가 사용한 것과 동일한 표현으로 여호와 하나님과 사탄이 대면하면서 이 이야기의 초점은 사태의 겉모습을 벗어나서 가장 깊은 차원의 실재, 곧 마음의 차원으로 옮겨 가게 된다.

욥을 묘사하신다(이 절을 1:1과 비교해 보라). 그러나 사탄은 그런 묘사에 의문을 제기하고, 욥이 하나님을 경외하는 이유는 그분이 그를 보호하고 복을 주시기 때문일 뿐이라고 주장한다.

이렇게 해서 욥의 믿음에 관해 이런 의문이 제기된다. 욥이 하나님을 섬기는 진짜 이유는 무엇인가? 그는 어떤 동기로 그분을 따르는가? 달리 표현하면, 여호와 하나님과 사탄이 대면하면서 이 이야기의 초점은 사태의 겉모습을 벗어나서 가장 깊은 차원의 실재, 곧 마음의 차원으로 옮겨 가게 된다.

실제로 욥에 관한 1:1-5의 묘사에는 약간의 아이러니가 담긴 것으로 보인다. 여기서는 실존 인물로 여기기 힘들 정도로 훌륭한 이가 묘사되고 있으며, 이 점은 1:5에서 서술되는 욥의 관례적인 행동을 통해 확증된다. 욥은 그의 아들들이 정기적인 잔치를 열도록 허용했지만, 잔치가 끝날 때마다 각자 정결 예식을 치르도록 했다. 그리고 그들이 "죄를 범하여 마음으로 하나님을 욕되게 하였을"지 몰라서, 각 자녀를 위해 번제를 드렸다.

욥은 그 자녀들에게 무언가 문제가 있을지 모른다고 여겼으며, 나아가 그들이 하나님을 저주하는 죄를 범했을지 몰라 두려워했다. 이스라엘에서 그 죄는 사형에 해당하는 것이었기 때문이다. 욥의 자녀들은 겉보기와 달리 어딘가 문제가 있었을지도 모른다. 그런데 욥은 그들의 행실 때문에 하나님의 지속적인 복을 잃고 심판을 초래할지 모른다는 점을 가장 두려워했던 것으로 보인다. 따라서 욥의 신앙은 부분적으로 바람직하지 않은 두려움과 염려에서 기인한 것이었다.

여기서 사탄의 말을 더 자세히 살펴보자. 불완전하고 왜곡된 것이긴 하지만, 창세기의 뱀이 한 말처럼 사탄의 말에는 눈에 띄는 것 이상의 진실이 담겨 있다. 창세기 3장에서, 뱀은 아담과 하와가 그 금지된 과일을 먹어도 곧장 죽지는 않음을 옳게 언급했다. 물론 그때 그들은 더 심각한 의미에서의 죽음을 맞았지만, 적어도 육체적인 죽음을 당하지는 않았던 것이다. 이와 같이 욥기에서도 사탄은 욥의 신앙에 담긴 불순한 동기를 정확히 포착하고 있다.

하나님은 사탄이 일정 한도까지 욥을 시험하도록 허용하신다(1:12; 2:6). 그래서 욥은 그 시험으로 자녀와 재산을 잃고(1:13-19), 이어 고통스러운 질병에 걸리게 된다(2:7). 자녀와 재산을 모두 잃은 후, 욥은 놀라운 믿음을 보여 준다.

> "내가 모태에서 알몸으로 나왔사온즉
> 또한 알몸이 그리로 돌아가올지라

주신 이도 여호와시요 거두신 이도 여호와시오니
여호와의 이름이 찬송을 받으실지니이다"(1:21)

욥이 끔찍한 질병에 걸리자, 그의 아내는 "하나님을 욕하고 죽으라"라고 쏘아붙인다(2:9). (하나님을 저주하는 자는 궁극적인 심판을 당하게 될 것이므로, 이는 일종의 자살 권유처럼 들린다.) 하지만 이때에도 욥은 이렇게 답한다. "우리가 하나님께 복을 받았은즉 화도 받지 아니하겠느냐"(2:10).

혹자는 이렇게 역경을 극복하고 승리하는 욥의 신앙을 보여 주면서, 이 이야기가 여기서 끝을 맺어야 한다고 생각할지도 모른다. 하지만 욥이 자신에게 벌어진 일을 받아들이려고 애쓰는 가운데, 이 책의 이야기는 이후 마흔 장에 걸쳐 계속 이어진다. 2장의 끝부분에서는 그의 세 친구 엘리바스와 빌닷과 소발이 찾아온다. 그들은 욥이 모든 것을 잃어버린 상황을 애석해하면서, 슬기롭게도 7일간 침묵하며 그와 함께 앉아 시간을 보낸다. 그들이 처음에 취한 행동은 매우 적절했다. 그들은 욥이 재난을 당했다는 소식을 듣자마자, 욥과 함께 있기 위해 먼 거리를 여행해 왔다. 마침내 욥을 만났으나 그 모습을 거의 알아볼 수 없었을 때, 그들은 그가 얼마나 심한 고난을 당했는지를 알아차렸다(2:11-13).

3장에서 욥은 절망에 빠져 자기가 태어난 날을 저주하고, 창조 세계의 구조 자체를 무효화하기를 갈망한다. 욥은 첫 독백에서 자신이 태어난 날과 "낮", "빛", 그리고 밤을 저주하는데, 이는 창세기 1장에서 언급되는 하나님의 창조 사역 순서를 의도적으로 뒤바꾼 것이다.[3] 낙심한 욥은 무심코 그 마음에 품은 생각을 드러내는 중요한 내용들을 언급한다. 예를 들어 자신이 이미 죽었다면 사회에서 지녔던 높은 위치를 그대로 유지했을 것이며, 지금쯤은 왕과 모사들과 부유한 고관들과 함께 있었을 것이라고 상상한다(3:14-15).

낙심한 욥은 무심코 그 마음에 품은 생각을 드러내는 중요한 내용들을 언급한다.

3:25에서 욥은 가장 두려워하던 일이 실제로 닥쳐왔음을 시인한다. 자신의 종교를 방패로 삼아 애써 피하려 했던 그 일들이 벌어지고 만 것이다. 우리는 욥의 두려움에 공감하면서도 다음의 사실을 헤아려 볼 수 있다. 곧 욥이 참된 지혜를 얻으려면 깊이 관심을 쏟아야 할 영역들이 있었으며, 그 고난은 바로 그 영역들에 연관되어 있었다는 점이다. 물론 이 일에 유쾌한 측면은 전혀 없고,

---

3 Michael Fishbane, "Jeremiah IV 23-26 and Job III 3-13: A Recovered Use of the Creation Pattern," *VT* 21 (1971): 151-67를 보라. 또 Robert S. Fyall, *Now My Eyes Have Seen You: Images of Creation and Evil in the Book of Job* (Downers Grove, Ill.: InterVarsity, 2002), 102ff.도 참조하라. (역주: 개역개정판 본문 4절의 "그날"은 NIV에서 "That day"로 번역되어 있는데, 이는 의미상 '그 낮'을 가리킨다.)

그는 상상조차 할 수 없는 고난을 당했다. 그러나 다른 한편으로, 하나님은 사탄의 일을 거슬러서든 그 일을 통해서든 욥을 빚어 가고 계셨던 것이다.

여기서 욥이 가장 두려워하던 일, 그가 무엇보다 애써 피하려 했던 일이 실제로 일어난 것은 그저 무의미한 고난 이상의 의미를 지닌 일이 그에게 벌어지고 있음을 암시한다. 내 친구인 심리학자 브렌다 스티븐슨(Brenda Stephenson)은 이런 고난을 '창조적인 고통'이라고 부른다. 이런 명칭이 욥이 겪는 고통의 참혹함을 조금이라도 축소시키는 것은 아니다. 다만 이 명칭이 의미하는 것은 그 지옥 같은 고통 속에서도 변화의 과정이 진행되고 있다는 점이다. 3-41장에서 보게 되듯이, 극심한 고통의 시기는 괴로울 정도로 질질 끌면서 더디게 이어진다. 3-41장을 읽을 때 그 진행 속도가 더디고 반복적이며 다소 지루하게 느껴진다면, 이 책은 바로 그 서술 방식을 통해 독자들로 하여금 그 고통을 느껴 보게 한다는 점을 기억해야 한다. 그 고통은 우리를 기진맥진하게 만들고 지치게 하며, 마치 끝없이 되풀이될 것처럼 느껴진다. 이는 곧 가혹한 고난이다.

42:5에서 욥은 뒤를 돌아보면서, 자신이 지나온 여정을 이렇게 서술한다. "내가 주께 대하여 귀로 듣기만 하였사오나 이제는 눈으로 주를 뵈옵나이다." 욥은 현명한 사람이었지만, 이제는 훨씬

더 심층적인 차원의 지혜에 도달하는 여정 가운데 있다. 그것은 심층적인 인격 형성의 여정인 동시에 하나님께로 깊이 나아가는 여정이었다. 기독교 영성에서 이 둘은 서로 조화를 이루는 것이 당연하다. 그리고 욥의 고난은 마침내 끝이 난다. 그는 변화되었고, 다시 복을 누리게 되었다(42:1-17). 그러나 3-41장은 변화의 여정에 지름길은 없음을 일깨워 준다. 우리는 모두 성도가 되기 원하지만, 그 일에 요구되는 여정을 각오하는 이는 드물다!

> 이 책은 바로 그 서술 방식을 통해 독자들로 하여금 그 고통을 느껴 보게 한다. 그 고통은 우리를 기진맥진하게 만들고 지치게 하며, 마치 끝없이 되풀이될 것처럼 느껴진다. 이는 곧 가혹한 고난이다.

욥이 겪게 될 여정에는 절망, 신체적이고 정신적인 고통, 다른 이들의 조언, 분노, 하나님을 향한 필사적인 호소, 결코 수동적이지 않은 기다림이 포함된다. 그는 어둠의 터널에 들어섰으며, 그 출구가 어디로 나 있는지 전혀 알지 못했다.

| 읽어 볼 글들 |

- 욥기 1-3장, 42장
- 부록 A: 마일스 커스티스(Miles Custis), "구약의 '하나님을 향한 두려움' 개념"
- 부록 B: 마이클 S. 하이저(Michael S. Heiser), "구약의 사탄과 창세기 3장의 뱀"

| 생각해 볼 질문 |

01 이웃 사람들과 '교회 지체들'은 욥을 매우 지혜로운 이로 여겼지만, 욥은 정말 그런 인물이었는가?

02 당신이 하나님을 섬기려 하는 가장 본질적인 동기는 무엇인가?

03 하나님이 하나님이시라는 이유만으로 그분을 섬기게 해 달라고 기도하면서, 하나님 앞에 솔직히 아뢰고 절제해야 할 그릇된 동기들이 당신에게는 있는가?

3장

욥의 친구들이 바라본 하나님의 초상

여러 해 전, 의료 봉사를 하기 위해 칠레에 갔던 실라 캐시디(Sheila Cassidy)라는 영국인 의사가 있었다. 그녀는 반정부 인사의 질병을 치료해 주었다가 체포되어 고문을 당했으나, 결국 석방되어 영국으로 돌아왔다.[4] 나는 첼트넘(Cheltenham)에서 캐시디의 강연을 들었는데, 캐시디는 우리가 온갖 도전에 부딪히는 **삶의 여정을 잘 헤쳐 나가기 위해서는** 하나님에 관해 **적절한** 개념들을 가질 필요가 있다는 점을 강조했다.

이는 특히 우리가 고난을 겪을 때 필요한 일이다. 고난에 부딪힐 때 우리는 무력감에 빠지고, 삶은 엉망이 된다. 그리고 하나님

---

4 Sheila Cassidy, *Audacity to Believe: An Autobiography* (London: Collins, 1977)를 보라.

고난의 시기는 상처 입기 쉬운 때이기도 하므로, 우리에게는 하나님에 관한 건강한 시각을 품고서 우리의 여정을 이끌어 줄 지혜로운 상담자들이 필요하다.

이 무엇을 하고 계신지 전혀 감을 잡지 못하게 된다. 그런 상황에서 하나님에 관해 올바른 개념을 갖는 것은 더욱 중요한 일이 된다. 이런 면에서 욥과 그의 친구들이 하나님에 관해 지녔던 견해를 살펴보는 것은 흥미로운 일이다.

우리는 고난당할 때 종종 도움을 구하게 되는데, 오늘날 이 일은 대개 상담받는 것을 의미한다. 직업적인 상담의 규모는 지난 세기 들어 급격히 확대되었다. 많은 이들이 어려움에 처하게 될 때나 고통이 찾아올 때 전문적인 상담자들에게 의존한다. 물론 다른 이들에게 도움을 청하는 것은 자연스럽고 좋은 일이다. 그러나 고난의 시기는 상처 입기 쉬운 때이기도 하므로, 우리에게는 하나님에 관한 건강한 시각을 품고서 우리의 여정을 이끌어 줄 지혜로운 상담자들이 필요하다.

처음에는 욥의 친구들이 이상적인 상담자들로 보인다. 그들은 나이 많고 영향력 있는 이들로서, 욥의 소식을 듣고는 흠잡을 데 없는 태도를 보였다. 그들은 자신들의 분주하고 긴요한 일상을 떠나 먼 거리를 여행해 왔으며, 욥이 당한 고난의 심각성을 알아차렸다. 그러고는 7일 동안 그의 곁에서 침묵하며 애도와 탄식의 시간을 보냈다. 또한 욥과 이야기를 주고받으면서 하나님을 진지하게 공경하는 모습을 보였다.

하지만 3장에서 욥이 극심한 마음의 고통을 쏟아 놓자, 그들은 곧 이에 응수하기 시작한다. 그리고 여기서 우리는 이 선의의 친구들이 하나님과 그분의 섭리에 관해 바람직하지 않은 견해를 품고 있음을 발견하게 된다. 끝없이 이어질 듯한 이 대화들은 3장에서 37장까지 계속되고, 마침내 38-41장에서 하나님이 임재하셔서 욥에게 말씀하기 시작하실 때에야 끝이 난다.

그 말을 한 것은 누구인가?

욥과 친구들의 긴 대화가 진행될 때, 지금 발언하는 이가 누구인지 놓치기 쉽다. 하지만 이 책의 저자는 독자들에게 도움이 되도록 그들의 대화를 여러 묶음으로 조직해 두었다. 각 묶음에는 욥의 친구들이 가한 비판과 그에 대한 욥의 응답이 포함된다. 예를 들면 그 묶음들은 이런 식으로 구성될 수 있다: 묶음 1(3-14장), 묶음 2(15-21장), 묶음 3(22-31장), 네 번에 걸친 엘리후의 연설(32-37장).

친구들은 욥이 쏟아 놓는 고통과 절망에 격앙되어 대화에 뛰어든다(4:2; 8:2; 11:2-3을 보라). 이때 그들이 보인 반응은 흥미롭다. 그들은 욥의 말들에 맞서 차례로 하나님을 옹호하고, 성경의 지혜 문헌에서 다루는 주제 중 하나인 '행위와 그 결과'에 관련하여 **기계적이고** 자동적인 관점이 옳다고 확언한다. 일반적으로 성경의 지혜 문헌은 순종은 복으로, 죄는 심판으로 인도한다고 가르치는 데, 특히 잠언에 그런 가르침이 나타난다.

그러나 앞서 보았듯이, 잠언조차도 이 주제에 관해 훨씬 미묘한 견해를 보인다. 하나님이 기계적이고 단순한 방식으로 일하신다는 그 친구들의 생각은 큰 착각이다. 그런 접근 방식의 무자비함은 빌닷의 첫 발언에서도 명백히 드러난다. 8:4에서 그는 서슴없이 욥의 자녀들이 죽은 이유를 안다고 말한다. "네 자녀들이 주께 죄를 지었으므로 주께서 그들을 그 죄에 버려두셨나니." 그 친구들은 그 불행의 원인이 되었을 법한 죄를 솔직히 다 털어놓으라고 욥에게 차례로 압박을 가한다.

엘리바스의 주장은 22장에서 그 절정에 이른다. 22:5에서 그는 이렇게 질문한다. "네 악이 크지 아니하냐 네 죄악이 끝이 없느니라." 그는 22:6-9에서 일련의 죄들을 열거하고 그 죄들에 대해 욥을 고발한 후, 이렇게 결론을 내린다. "그러므로 올무들이 너를 둘러 있고 두려움이 갑자기 너를 엄습하며 어둠이 너로 하여금 보지 못하게 하고 홍수가 너를 덮느니라"(22:10-11). 그러고는 22:21-30에서 해법을 제시하는데, 욥이 자신의 죄를 회개하고 하나님께 나아가야 한다고 주장한다.

20장에서 소발은 사악한 자의 운명에 관해 떠들어 댄 후, 이렇게 결론을 내린다. "이는 악인이 하나님께 받을 분깃이요 하나님이 그에게 정하신 기업이니라"(20:29).

또 빌닷이 펼치는 주장의 요지는 25장에서 찾아볼 수 있다. 그는 이렇게 묻는다. "그런즉 하나님 앞에서 사람이 어찌 의롭다 하며 여자에게서 난 자가 어찌 깨끗하다 하랴"(4절). 빌닷은 욥이 계속 자신의 무죄를 주장하는 것을 도무지 상상할 수도 없는 일로 여긴다.

그 친구들이 바라본 하나님은 어떤 분인가? 확실히 그들의 견해에는 정통적인 요소가 많다. 그들은 이 세상을 초월하시면서도 그 일들에 깊이 관여하시는 하나님에 관해 성경적인 견해를 가졌으며, 그분의 공의를 인식하고 있었다. 그들은 인간의 삶이 하나님 앞에 있음을 바르게 이해하고, 그분이 기도를 들으시고 응답하심을 알았다. 그리고 그들은 하나님이 인간에게 자신을 계시하심을 이해했다(33:14-15을 보라). 4:12-17에서 엘리바스는 자신에게 '하나님'의 말씀이 임했던 신비로운 체험을 묘사한다. 하지만 그들은 하나님의 하나님 되심이 지닌 의미를 알지 못했다. 곧 하나님은 종종 예기치 못한 방식, 우리가 헤아릴 수 없는 방식으로 일을 행하신다는 점을 깨닫지 못했던 것이다. 그들이 생각하는 하나님은 자신들의 기계적인 신학에 맞게 축소된 존재였다. 그들은 정통적인 입장에 섰을지 모르지만, 고통 속에 있는 욥에게 그들은 전혀 도움이 되지 않았다. 그래서 욥은 16:2에서 그들을 "재난을 주는 위로자"로 묘사한다.

그들이 생각하는 하나님은 자신들의 기계적인 신학에 맞게 축소된 존재였다. 그들은 정통적인 입장에 섰을지 모르지만, 고통 속에 있는 욥에게 그들은 전혀 도움이 되지 않았다.

원숙하고 나이 많은 세 친구들 외에도, 오가는 대화를 지켜보던 한 젊은이가 있었다. 그 젊은이는 그들이 욥을 설득하는 데 실패하는 것을 보고, 분한 마음을 누를 수 없었다. 32:1에서 우리는 "욥이 자신을 의인으로 여기므로" 그 세 친구가 욥에게 응수하는 일을 그쳤다는 말을 읽게 된다. 젊은 엘리후(32:6-9을 보라)가 분을 참지 못한 것은 이처럼 욥이 하나님보다 자신을 더 의롭게 여겼기 때문이다(32:2). 하지만 이 젊은이 역시 욥의 항변에 맞서 하나님을 옹호하면서 그 친구들이 했던 조언과 똑같은 말을 덧붙인다.

이후 42:7에서, 하나님은 친구들의 조언에 대해 이런 평결을 내리신다.

> "여호와께서 욥에게 이 말씀을 하신 후에 여호와께서 데만 사람 엘리바스에게 이르시되 내가 너와 네 두 친구에게 노하나니 이는 너희가 나를 가리켜 말한 것이 내 종 욥의 말같이 옳지 못함이니라"

하나님은 엘리바스에게 번제를 드리라 명하시고, 하나님이 그에게 그 "우매한" 대로 갚지 않으시도록 욥에게 기도를 부탁하라고 하신다. 하나님은 친구들에게 "너희가 나를 가리켜 말한 것이 내 종 욥의 말같이 옳지 못함이라"라고 다시 말씀하셨다(42:8).

여기서 "너희가 나를 가리켜 말한 것이 내 종 욥의 말같이 옳지 못함이니라"라는 말씀을 반복하시는 것에서, 하나님이 친구들의 조언을 어떻게 여기셨는지가 명백히 드러난다. 하나님이 보시기에, 그 말들은 지혜가 아니라 어리석음일 뿐이었던 것이다! 하나님에 관한 그들의 견해에는 어떤 문제가 있었을까? 하나님이 엘리바스에게 두 차례나 이렇게 말씀하신 것에 유의하라. "너희가 **나를** 가리켜 말한 것이…옳지 못함이니라." 욥의 친구들은 하나님이 온전히 전능하고 선하시므로, 욥이 당한 것과 같은 고통을 의인에게는 허락하지 않으실 것이라고 여겼다. 하지만 그들의 그런 생각은 오해였다.

에두아르 도름(Édouard Dhorme)은 이렇게 지적한다. "그 친구들은 일반적인 해법을 이 특별한 사례에 적용하려 했다."[5] 욥은 자신에게 닥쳐온 수수께끼 같은 고난에 분개하며 항변했다. 그러나 친구들은 자신들의 기계적인 신학으로 그 수수께끼를 간파하고 욥이 처한 상황을 설명할 수 있다고 믿었다. 그 결과, 우리는 자신이 처한 고난의 부당함 가운데서 절망하며 어찌할 바를 모르는 이에

5 Édouard Dhorme, *A Commentary on the Book of Job* (Nashville, Tenn.: Thomas Nelson, 1984 [original 1926]), cxxxv.

게 차갑고 잔인한 조언을 건네는 그들의 모습을 보게 된다. 여러분은 자녀를 최근에 전부 잃은 남자에게, "당신의 자녀들이 하나님께 죄를 지었기 때문에 하나님이 그 죄로 인해 그들을 심판하신 것입니다."라고 지적하는 일을 상상해 볼 수 있겠는가?

| 읽어 볼 글들 |

- 시간이 있다면, 욥기 4-37장을 전부 읽어 보라. 아니면 욥의 친구 중 한 명을 선택해서 그의 말과 그에 대한 욥의 대답을 읽어 보라.

| 생각해 볼 질문 |

01 욥기 4-37장에서 언급되는 친구들 중 한 명을 선택해서 그에게 초점을 맞추어 보라. 여러분은 그의 주장을 어떻게 생각하는가? 그는 하나님에 관해 어떤 견해를 보이는가?

02 그 친구에 대한 욥의 대답을 모두 읽어 보라. 욥의 주된 논지는 무엇인가?

03 여러분이 욥의 친구라고 생각해 보라. 여러분이라면 욥에게 어떤 말을 건네겠는가?

04 여러분이 욥이라고 생각해 보라. 여러분이라면 이 본문에 기록된 것과 같은 말들을 늘어놓는 친구에게 무엇이라 답하겠는가?

4장

하나님에 관한 욥의 견해

우리는 욥의 친구들이 하나님에 관해 그릇된 견해를 품고 있었음을 안다. 그러나 하나님은 자신에 관한 욥의 말이 옳음을 어떻게 그렇게 쉽게 확언하실 수 있었을까?(42:7-8) 그 확언의 말씀은 42:1-6에 기록된 욥의 발언에만 해당하는가, 아니면 욥이 이 책에서 말한 모든 내용에 연관되는가? 엘리바스를 문책하시면서, 하나님은 그 친구들의 발언을 욥이 이제까지 말한 내용과 대조하신다. 그러므로 욥에 대한 하나님의 평결은 42:1-6에서 그가 고백한 내용에만 적용되는 것이 아니라, 지금껏 그가 쏟아 놓은 **모든 말**에 해당하는 것으로 보인다.

욥의 발언들은 어떤 성격을 지닌다고 보아야 할까? 그 주된 요소 중 하나는 **항변**이다. 7:11에서 욥은 이렇게 말한다. "내가 내 입을 금하지 아니하고 내 영혼의 아픔 때문에 말하며 내 마음의 괴로움 때문에 불평하리이다." 철학자 앨빈 플랜팅가(Alvin Plantinga)에 따르면, 욥의 문제는 두 가지 방식으로 이해될 수 있다.[6] 먼저 일반적인 해석은 지적인 관점으로, 욥은 하나님이 무고한 사람에게 고통을 허용하시는 이유를 이해할 수 없어서 항변을 제기하고 있다는 것이다. 마르틴 부버(Martin Buber)는 "욥은 하나님도, 그 자신이 아는 진리도 저버리지 못한다."[7]라고 통찰력 있게 지적했다. 그리고 두 번째 해석은 욥이 하나님이 행하시는 일에 대해 분개하며 그분과 다투고 있다는 것이다. 곧 하나님이 하시는 일에는 합당한 이유가 있을지도 모르지만, 욥은 사실상 이렇게 항변한다는 뜻이다. "나는 그런 이유들에 조금도 신경 쓰지 않습니다. 그저 하나님이 행하시는 일들이 너무 싫을 뿐입니다!"[8] 이 두 반응은 서로 대립하지 않으며, 하나님을 향한 욥의 고통스러운 항변 속에 결합되어 나타난다.[9]

욥이 자신을 무죄한 사람으로 여기는 것은 아니다. 7:17-21에

6 Alvin Plantinga, *Warranted Christian Belief* (New York: OUP, 2000) 496-98. Eleonore Stump, *Wandering in Darkness: Narrative and the Problem of Suffering* (Oxford and New York: OUP, 2010), 177-226도 보라.

7 Harold Bloom, ed., *The Book of Job* (New York: Chelsea House, 1988), 2에 인용된 글.

8 Plantinga, *Warranted Christian Belief*, 497.

9 자세한 논의를 위해서는 Craig G. Bartholomew and Ryan O'Dowd. *Old Testament Wisdom Literature: A Theological Introduction* (Downers Grove, Ill.: InterVarsity Press, 2011), ch. 6을 보라.

욥은 자신이 죄인이라는 사실을 시인한다. 다만 그는 자신이 지은 죄의 정도와는 전혀 어울리지 않는 일들이 벌어지도록 하나님이 허용하신 것을 이해할 수 없었다.

서 그는 하나님을 향해 일련의 질문들을 쏟아 놓는데, 그중 하나가 "주께서 어찌하여 내 허물을 사하여 주지 아니하시며 내 죄악을 제거하여 버리지 아니하시나이까"라는 것이다. 욥은 자신이 죄인이라는 사실을 시인한다. 다만 그는 자신이 지은 죄의 정도와는 전혀 어울리지 않는 일들이 벌어지도록 하나님이 허용하신 것을 이해할 수 없었다. 이런 의미에서 부버(Buber)의 말은 확실히 옳다. "욥은 하나님도, 그 자신이 아는 진리도 저버리지 못한다." 욥은 친구들에게 이렇게 말한다. "내가 죽기 전에는 나의 온전함을 버리지 아니할 것이라"(27:5). 그리고 그 결과로 찾아온 것은 극심한 긴장과 절망과 분노였다.

시편에서 보듯이, 하나님은 그분의 백성이 자신들의 어려움과 문제와 불평거리를 그분 앞에 가지고 나아오기를 원하신다. 그리고 욥이 행한 일은 **바로 그것**이었다. 그 친구들은 욥의 상황에 관해 신학적 분석을 늘어놓지만, 욥은 하나님 앞에서 그 험난한 상황을 몸으로 체험하고 있다(예를 들어 7:7의 "생각하옵소서"; 7:19-21; 16:7-8; 30:20-31을 보라). 곧 욥은 하나님께 직접 호소하며 말을 건네는 반면, 친구들은 그의 상황에 관해 이야기만 늘어놓는 데에 주된 차이점이 있다. 욥의 하나님은 그가 강하게 직접적인 항변을 제기할 수 있는 분인 반면, 친구들이 이해한 하나님은 이미 진리를 계시하신 분이며 이제 남은 일은 다만 그 진리를 욥에게 적용하는 것뿐이었다. 로버트 알터(Robert Alter)는 이렇게 지적한다. "그 친구들의 시와 달리, 욥의 우주적인 시에는 어떤 이상(vision)에서 나오는 힘이 있다. 이는 마치 그 시에서 서술하는 위대한 일들을 직접 느끼고 깨달은 데서 오는 듯한 힘이다."[10]

욥의 견해를 살펴보면, 그는

- 궁극적으로 자신이 처한 상황의 배후에 하나님이 계심을 인식하고 있다(3:23; 6:4).
- 하나님이 이 세상의 창조주이며 주권적인 통치자이심을 알고 있다(9:1-10; 또한 28장을 보라).
- 자신이 고통당할 때 하나님이 그분의 모습을 감추시는 것을 체험하고 있다(9:11; 23:17에서 욥은 자신이 겪은 일을 "흑암"[thick darkness]으로 묘사한다).
- 그 고통스러운 삶의 무의미함을 체험한다(10:18-22).
- 자신의 항변에 대한 답을 얻어 내기 위해 하나님을 법정으로 모셔 오려고 애쓰지만(10:2; 13:3), 다른 한편으로는 하나

10 Robert Alter, *The Art of Biblical Poetry* (Edinburgh: T&T Clark, 1985), 90.

님이 인간과 전혀 다른 차원에 계신 분임을 인식한다(9:14-20, 32-35).

욥은 자신의 삶에서 하나님이 수수께끼 같은 일들을 행하시는 것을 체험하면서, 하나님과 친구들 앞에서 그 고난에 찬 삶을 애써 견뎌 나간다.

욥기 28장은 지혜에 관한 놀라운 시이다. 그 시에는 고요한 아름다움이 깃들어 있기에, 학자들은 욥이 격분을 토로하는 26-27장과 29-31장 사이에 그 장이 배치된 것을 의아하게 여기고 그것이 정말 욥의 말인지 의문을 제기해 왔다. 내 견해로는 욥이 분노하며 쏟아 놓은 말들 사이에 그 시가 배치된 것은 적절한 일이다. 극심한 고난은 바로 그런 식으로 진행되기 때문이다. 그런 고난에 처한 이는 잠시 절망에서 벗어나 온전한 정신과 분별력을 되찾았다가, 이내 끔찍한 고통 속에 다시 빠져들어 간다. 이런 맥락에서 28장의 위치는 특별한 것으로, 이 장은 38장에서 하나님이 그 이야기 속에 등장하실 것을 미리 보여 준다.

잠언의 가르침은 주님을 경외하는 것이 세상을 이해하는 열쇠라는 것으로 시작되는 반면, 욥기 28장의 내용은 정반대편에서 시작된다. 말하자면 땅속 깊은 곳을 파헤쳐서 귀한 금속을 얻어 내는 인간의 놀라운 역량을 먼저 인정한다(28:1-11). 하지만 인간은 그처럼 큰 재능을 지녔음에도 불구하고, 그들 자신도, 의인화된 창조 세계도 지혜의 원천에 이르는 길을 알지 못한다(28:12-22). 거대한 경계를 이루는 멸망과 죽음조차도 이렇게 말할 수 있을 뿐이다. "우리가 귀로 그 소문은 들었다"(28:22). 지혜의 원천이 어디인지를 아시는 분은 하나님뿐이다. 이는 그 원천이 그분 안에 있기 때문이다. 그분은 창조주이시며 인간은 그분의 피조물이다. 그러므로 "주를 경외함이 지혜"인 것이다(28:23-28).

욥기 28장: 지혜에 관한 간주곡

욥기 28장은 이런 질문을 던지는 시이다. "지혜를 어디에서 찾을 수 있는가?" 이 시를 욥이 읊은 것인지, 아니면 이 책의 서술자가 독립적으로 추가한 것인지는 명확하지 않다. 이 시는 먼저 사람들이 금을 비롯한 귀한 자원들을 찾으려고 벌이는 일들을 묘사한다(28:1-11). 그러고는 지혜에 관심을 돌려 그 가치를 보여 주며, 어디서 그것을 얻을 수 있겠는지를 묻는다(28:12-22). 그리고 끝으로, 지혜의 원천은 하나님께 있음을 드러낸다(28:23-28).

38장에서는 마침내 하나님이 모습을 드러내신다. 욥은 이 순간을 오래도록 기다려 왔지만, 그분이 "폭풍우 가운데에서" 주신 것과 같은 답을 듣게 되리라고는 예상하지 못했을 것이다(38:1). 아이러니하게도, 하나님이 주신 **대답**은 여든 개가 넘는 일련의 수사적인 **질문들**로 이루어져 있다. 그 질문들은 욥의 짧은 대답(40:3-5)을 사이에 둔 두 개의 목록으로 구성되어 있다. 하나님은 곧바로 질문을 던지면서 말씀을 시작하신다.

> "그때에 여호와께서 **폭풍우 가운데에서** 욥에게 **말씀하여**
> 이르시되
> 무지한 말로
> 생각을 어둡게 하는 자가 누구냐
> 너는 대장부처럼 허리를 묶고
> **내가 네게 묻는 것을** 대답할지니라"(38:1-3)

욥기에서 "폭풍우"(*se'arah*)라는 단어는 이 구절에 처음 등장하며, 40:6에서 다시 언급된다. 린지 윌슨(Lindsay Wilson)의 표현처럼, "폭풍우는 인간의 경험 세계 한가운데 충만히 임재하시는 하나님의 맹렬한 타자성(otherness)을 은폐하는 역할을 한다."[11] 그분 자신의 방식으로, 하나님은 정말 욥에게 응답하고 계신 것이다. 알터는 하나님의 말씀에 관해 이렇게 언급한다.

> 하나님이 마침내 폭풍우 가운데서 욥에게 응답하실 때, 그분은 욥의 탁월한 시와 형식적 연관성을 지닌 시로써 말씀하신다. 다만 그분의 시는 더 광대한 시야를 드러내며, 거기에는 더욱 큰 힘이 담겨 있다.…즉 하나님은 욥이 사용한 여러 핵심 이미지를

11 Lindsay Wilson, *Job* (2HOTC; Grand Rapids, Mich.: Eerdmans, 2015).

취해서 사용하시며, 특히 처음에 욥이 죽음을 갈망하며 읊었던 시(3장)에서 이미지들을 가져오신다. 그분의 말씀은 점점 더 강도를 더해 가면서 힘 있게 전개되는 논증으로 나타나며, 그 속에는 그분의 창조 사역에서 시작하여 자연 세계의 작용을 거친 뒤 무수한 동물들의 세계에 이르는 이야기의 내재적 흐름이 담겨 있다.[12]

마이클 폭스(Michael Fox)는 그 말씀의 대부분을 이루는 질문들에 관해 분석하면서, 그 응답 속에 활용된 전반적인 기법들을 보여 준다.[13] 그 질문들은 세 유형으로 되어 있다. (1) '누구'에 관한 물음, 곧 하나님의 능력을 가리켜 보이는 질문이다(예를 들어, 38:8의 "문으로 그것을[바다를] 가둔 자가 누구냐"). (2) '무엇'에 관한 물음, 곧 하나님이 소유하신 능력의 광대함을 강조하는 질문이다(예를 들어, 38:19의 "어느 것이 광명이 있는 곳으로 가는 길이냐"). (3) "너는 그렇게 해 본 적이 있느냐?" 또는 "너는 그렇게 할 수 있느냐?" 하는 물음으로, 인간이 지닌 지식과 능력의 한계를 더욱 확증하는 질문이다(예를 들어, 38:22의 "네가 눈 곳간에 들어갔었느냐").

욥은 하나님의 능력과 마주하게 되며, 창조주이신 하나님과 피조물인 자신 사이의 거대한 격차, 그리고 하나님의 전지하심과 자

---

12 Robert Alter, *The World of Biblical Literature* (London: SPCK, 1992), 188-89.

13 Michael Fox, "Job 38 and God's Rhetoric" *Semeia* 19 (1981): 53-61.

신의 지식이 지닌 한계에 직면하게 된다. 하나님의 말씀이 이어지는 중간에, 욥은 짧게 응답한다(40:3-5). 그는 하나님이 제시하신 증거의 설득력을 인정하고, 자신의 유한함을 시인하면서 "나는 무가치하오니", 좀 더 문자적으로는 "나는 비천하오니"(40:4a)라고 말한다. 욥은 지금 처한 고난에 관해 자신이 무고함을 알기에, 이는 아마도 자신의 죄를 시인하는 것이 아니라 전능하신 창조주 앞에서 자신의 피조물 됨을 고백하는 표현일 것이다. 욥은 오랫동안 갈망해 온 기회를 얻었지만, 오히려 입을 다무는 것이 옳음을 깨닫게 된다. "손으로 내 입을 가릴 뿐이로소이다"(40:4).

> 욥은 하나님의 능력과 마주하게 되며, 창조주이신 하나님과 피조물인 자신 사이의 거대한 격차, 그리고 하나님의 전지하심과 자신의 지식이 지닌 한계에 직면하게 된다.

욥의 짧은 대답이 끝난 후, 하나님은 다시 질문을 이어 가시면서 베헤못(40:15-24)과 리워야단(41:1-34)에 관해 진기한 방식으로 묘사하신다.

> "이제 소같이 풀을 먹는 베헤못을 볼지어다 내가 너를 지은 것같이 그것도 지었느니라 그것의 힘은 허리에 있고 그 뚝심은 배의 힘줄에 있고…"
> "네가 낚시로 리워야단을 끌어낼 수 있겠느냐 노끈으로 그 혀를 맬 수 있겠느냐 너는 밧줄로 그 코를 꿸 수 있겠느냐 갈고리로 그 아가미를 꿸 수 있겠느냐"

"베헤못"은 '짐승'을 가리키는 단어(*behemah*)의 복수형이며, 창세기 1:24에서 대개 가축으로 간주되는 땅 위의 첫 피조물들을 가리킬 때 쓰인 것과 같은 단어이다. 그러나 오늘날에는 이 단어가 악어 또는 하마를 가리킨다고 해석하는 것이 일반적이다. 그리고 그 동물이 "소같이 풀을 먹는[다]"고 했으므로(욥 40:15), 이는 하마를 가리키는 것일 가능성이 더 크다. "리워야단"의 경우에는 욥기 3:8, 그리고 창조와 심판의 수수께끼 같은 성격을 서술하는 다른 구약의 구절에서 언급된다(예를 들어, 시 74:14; 104:26; 사 27:1을 보라). 시편 74편과 104편에서처럼, 욥기의 이 본문에 사용된 '리워야단'은 깊은 바다의 거대한 피조물인 고래를 가리킬 수도 있다. 그러나 이사야 27장의 경우, 이 짐승은 "꼬불꼬불한", 또는 "똬리를 튼" 뱀으로 묘사된다. 이 짐승과 '물과 혼돈과 깊음' 사이의 신비로운 연관성은 결코 제거되지 않으며, 의인화된 죽음과의 연관성 역시 그러하다.[14]

베헤못과 리워야단 모두 하나님의 말씀에 담긴 전반적인 메시지를 강화해 주는 역할을 한다. 곧 하나님의 창조 세계는 광대하고 다양하며 불가사의하다는 것이다. 인간은 그 세계를 통제할 수 없지만, 하나님은 그 일을 쉽게 행하실 수 있다. 이런 질문들이 시

14 Fyall, *Now My Eyes Have Seen You*, 127-74를 보라. Fyall은 고대 근동의 가나안 신화를 근거로 삼아, 베헤못과 리워야단은 1-2장에 등장했던 죽음과 악, 사탄의 형상을 지속적으로 드러낸다고 주장한다.

의 형태로 서술됨으로써, 욥을 향한 하나님의 응답에 담긴 힘이 더욱 강조된다.

> 그러나 욥의 격한 말들은 그 자신의 내부를 향하는 것으로 자기 중심성을 띨 수밖에 없는 반면, 하나님의 맹렬한 말씀들은 생명력과 활기가 넘치는 창조 세계 전역의 이곳저곳으로 우리를 이끌어 간다. 하나님이 읊으시는 시의 절정부에 있는 것은 자아의 울부짖음이나 무너져 버린 자아의 꿈이 아니라, 동물학과 신화학 사이의 기이한 경계선에 걸쳐 있는 리워야단의 무시무시한 아름다움이다. 사람이 정복할 수 없는 그 사납고 기이한 존재는, 그 구절에서, 인간 중심적 개념으로는 헤아릴 수 없는 창조 섭리의 눈부신 아름다움을 극적으로 드러내어 준다.[15]

하나님이 주신 말씀들은 그분에 관해 두 가지 근본 진리를 우리에게 일깨워 준다. 첫째, 그분은 하나님이시며 우리는 피조물이다.

> 하나님의 창조 세계는 광대하고 다양하며 불가사의하다. 인간은 그 세계를 통제할 수 없지만, 하나님은 그 일을 쉽게 행하실 수 있다.

38:2에서 언급된 하나님의 날카로운 질문과 42:3에 기록된 유사 질문을 다시 언급하면서, 욥은 이 점을 시인하는 모습을 보인다. "나는 깨닫지도 못한

15 Alter, *The World of Biblical Literature*, 189.

일을 말하였고 스스로 알 수도 없고 헤아리기도 어려운 일을 말하였나이다"(42:3). 둘째, 하나님은 이 우주를 강력하게, 또 종종 불가해한 방식으로 다스리신다. 그분은 철저한 주권자이시지만(42:2을 보라), 그와 동시에 온 창조 세계가 잘 유지되도록 모든 일에 관심을 쏟고 돌보신다. 하나님은 땅에 비를 내려 힘을 북돋우시고(38:27), 사자(38:39)와 까마귀(38:41)에게 먹을 것을 주시며, 들나귀에게도 집과 먹이를 주신다(39:5-8). 또한 그분은 그들이 지음받은 목적을 이룰 수 있도록, 말과 타조, 들소와 메뚜기, 독수리와 매에게도 자유와 "지혜"를 부여해 주신다. 만일 하나님이 이런 동물들도 이같이 돌보신다면, 욥을 아끼는 마음은 얼마나 더 크시겠는가?

그러므로 하나님이 주신 말씀에서 욥의 유한함이 명백히 나타나긴 하지만, 그 초점은 바로 이 세상을 창조하고 다스리시는 여호와의 능력과 지혜에 있다. 하나님은 욥뿐 아니라 다른 등장인물들과 청중을 꾸짖으시고, 그분을 신뢰하는 지혜를 새로이 얻으며 경이감을 품도록 욥과 우리를 부르신다. 곧 불가해한 일들과 반복적인 고난 속에서도, 사랑과 공의로 세상을 다스리시는 하나님의 능력을 믿고 겸손히 행하도록 이끄시는 것이다.

앞에서 지적했듯이, 42:3에서 욥은 하나님이 던지신 첫 질문(38:2)으로 돌아가 자신이 어리석게도 그분의 경륜을 왜곡했음을 시인한다. 그는 자신이 이해하지 못하는 일들, 그가 깨닫기에는 너무나 경이로운 일들에 관해 말을 쏟아 놓았었다. 그러나 하나님과 대면하게 되었을 때, 그는 이전과는 다른 위치에 서게 된다. 자신이 고난당한 이유에 대한 답은 얻지 못했지만, 하나님과의 실존적인 대면으로 그 문제가 해결되었던 것이다. 욥은 자신의 지식이 지닌 한계에 맞닥뜨렸으며, 하나님의 신비로운 뜻에 굴복하게 되었다.

> 욥은 자신의 지식이 지닌 한계에 맞닥뜨렸으며, 하나님의 신비로운 뜻에 굴복하게 되었다.

인간의 자율성과 '진리는 우리의 소유물'이라는 강한 신념은 종종 지식에 관한 '물통' 접근 방식(bucket approach)으로 그 모습을 드러낸다.[16] 이는 사실들을 끝없이 퍼 담으면서 그것들의 논리적인 배열을 시도하는 방식이다. 그러나 여기서 욥이 보여주는 지혜의 성숙은 '손전등' 접근 방식(torchlight approach)을 통해 더 잘 이해될 수 있다. 이는 우리는 늘 어떤 상황 속에 빛이 비추어짐에 따라 무언가를 깨닫고 이해하게 된다는 관념을 가리킨다. 하나님과의 대면을 통해, 욥이 지닌 손전등의 불빛은 훨씬 더 넓은 각도로 퍼지게 되고 더 먼 곳까지 이르게 되었다. 그럼으로

16 물통과 손전등의 이미지는 Karl Popper, *Objective Knowledge: An Evolutionary Approach* (Oxford: Clarendon, 1972, 『객관적 지식: 진화론적 접근』, 철학과현실사), 341-61에서 가져온 것이다.

써 그는 삶의 새로운 시각을 얻게 된 것이다. 하나님의 광대하고 경이로운 계획 가운데서는, 부당한 일들까지도 어떻게든 하나님의 뜻에 쓰임받게 된다. 하나님은 그 일들까지 사용하셔서 모든 것을 바로잡으시고, 심지어는 이전보다 더 낫게 만드신다. **욥은 그 일이 어떻게 가능한지는 알지 못했지만,** 영적으로는 하나님이 그런 상황까지도 그분의 선한 목적을 이루는 데 사용하신다는 것을 받아들일 수 있게 되었다.

욥의 마지막 말인 "그러므로 내가 스스로 거두어들이고 티끌과 재 가운데에서 회개하나이다"(42:6)는 더 많은 논쟁거리를 준다. 언뜻 보기에는 욥이 회개의 뜻을 보인 듯하지만, 히브리어 본문의 의미는 모호하다. 첫 어구에 쓰인 히브리어 동사 *m's*는 '거절하다', '물리치다', 심지어는 '혐오하다'를 의미할 수 있다. 앞서 욥이 이 어구를 언급한 9:21의 경우, 많은 역본에서 이 동사를 그렇게 번역하고 있다.[17] 하지만 어떻게 번역하든, 욥이 한 말의 의미가 명확히 드러나는 것은 아니다.

그리고 둘째 어구 역시 고민거리를 던져 준다. 하벨(Habel)은 이 어구를 "나는 재를 남기나이다"(I leave my ashes)로 번역하고, 이를 통해 우리는 이 문맥에서 "재"가 지닌 의미에 주목하게 된다. 또

17 욥은 자신의 종들을 "저버리지" 않았다고 주장하는 31:13에서도 이 동사를 사용한다.

앤더슨(F. I. Anderson)과 다른 이들은 이 어구를 창세기 18:27에서 아브라함이 언급한 "티끌이나 재"와 연관 짓는다. 여기서 티끌과 재는 지음받은 우리의 본성, 곧 우리의 인간성을 암시한다.[18] 결국 우리는 생기를 얻은 흙, 또는 숨을 쉬는 진토일 뿐이다. 아담과 하와는 흙에서 지음받았으며(창 2:7), 죽은 후에는 흙으로 돌아가게 되어 있었다(창 3:19). 만일 욥이 이런 맥락을 마음에 두고 있었다면, 이 구절은 우리에게 이 책 전체의 요약문을 제시하는 것이 된다. 곧 사람은 지혜를 선물로 받았으나, 이는 생기를 얻은 흙인 **피조물에게** 속한 것일 뿐, 무한하신 하나님께 속한 지혜가 아니다. 고통으로 가득 찬 세상에서 우리가 지닌 이해력에는 한계가 있으며, 우리는 자신이 타락한 피조물이자 일그러진 존재임을 탄식하게 된다.

---

18 F. I. Anderson, *Job: An Introduction and Commentary* (TOTC; Leicester, UK: IVP, 1976), 292.

| 읽어 볼 글들 |

- 욥기 38-42장

| 생각해 볼 질문 |

01 당신이라면 욥이 하나님을 이해해 간 과정을 어떻게 묘사하겠는가?

02 필립스(J. B. Phillips)는 『당신의 하나님은 너무 작다』(*Your God Is Too Small*, 비전북)라는 제목의 책을 썼다. 당신은 욥도 하나님을 그렇게 여겼다고 생각하는가?

03 당신에게도 하나님을 과소평가하는 부분이 있는가?

04 당신은 어려운 시기를 거치면서 하나님을 바라보는 시야가 넓어졌던 경험이 있는가?

5장

시의 힘

욥기의 매우 흥미로운 특성 중 하나는 이 책의 대부분을 차지하는 3-41장이 시로 쓰여 있다는 것이다. 3-41장은 이야기체의 산문으로 된 1-2장과 42장의 구조 속에 담겨 있다. 학자들 사이에 논란이 있기는 하지만, 이 때문에 욥기를 역사적인 기록으로 읽어서는 안 될 것처럼 여기기도 한다. 중요한 것은 '역사적인 것'은 '참'이고, '가상의 것'은 '거짓'을 의미한다는 식으로 그릇되게 구분하지 않는 일이다. 문학은 실제로 일어난 사건들을 서술한다는 의미의 역사적인 기록은 아니지만 참된 것이 될 수 있으며, 또한 진리를 힘 있게 전달할 수 있다.

한 예로, 나는 아파르트헤이트 정책이 시행된 남아프리카 공화국에서 자라났다. 그리고 지금까지 사람들 앞에서 그곳에 관해 이야기할 때마다, 앨런 페이튼(Alan Paton)의 고전적인 소설 『울어라, 사랑하는 조국이여』(*Cry, the Beloved Country*, 홍성사)를 언급한다. 페이튼의 책은 소설이며, 그 등장인물들이나 흐름은 엄밀히 말해 역사적인 성격을 지니지 않는다. 하지만 그 책은 그 정책이 시행된 남아공에서 인종 차별과 억압으로 사람들 사이의 관계가 깨어졌던 일을 생생히 드러내어 준다. 이처럼 이야기와 시는 직접적인 서술로는 할 수 없는 방식으로 사람들이 경험한 일을 보여 줄 수 있다.

이 점은 시편에서 잘 나타난다. 우리는 하나님에 관해 이렇게 표현할 수 있다. "하나님은 사랑이 많으시고, 그분의 백성을 돌보시는 분이다." 하지만 시편 23편 말씀처럼 "여호와는 나의 목자시니 내게 부족함이 없으리로다…"라고 고백할 때, 우리는 그 사실을 훨씬 더 생생히 상기하게 된다. 욥기는 최상의 서사 예술 작품으로, 그 대부분이 시로 쓰여 있다는 점에는 중요한 의미가 있다. 시는 욥이 당한 고난의 깊이를 탐구하고 그 상황의 참담함을 상기시킬 뿐 아니라 그 친구들의 발언이 얼마나 무익한지를 드러내며, 위엄 있는 창조주이자 우주의 주권자이신 하나님의

시는 욥이 당한 고난의 깊이를 탐구하고 그 상황의 참담함을 상기시킬 뿐 아니라 그 친구들의 발언이 얼마나 무익한지를 드러내며, 위엄 있는 창조주이자 우주의 주권자이신 하나님의 모습을 제시하는 데 매우 적합한 형식이다.

모습을 제시하는 데 매우 적합한 형식이다.

한편 친구들도 위의 시편 기자처럼 전형적인 이미지들에 의존하여 발언을 이어 가지만, 그 속에는 시편이 지닌 생명력이 결여되어 있다. 알터는 이렇게 말한다. "엘리바스는 하나님이 아시는 것과 인간의 일반적인 지혜에 담긴 관습적 지식 사이에는 깊은 차이가 있을지도 모른다는 점을 간과하며, 자만심에 차서 말을 이어 간다."[19] 엘리후의 시는 그 친구들의 것보다 더 강력하고 세련된 형태를 띠지만, 알터의 표현에 따르면 38-41장의 "폭풍우 가운데서 말씀하시는 그 음성처럼 장엄한 것은" 아니다.[20] 한편 두려움 없이 항변하는 욥에 관해 알터는 이렇게 지적한다. "그 친구들의 시와 달리, 욥의 우주적인 시에는 어떤 이상에서 나오는 힘이 있다. 이는 마치 그 시에서 서술하는 위대한 일들을 직접 느끼고 깨달은 데서 오는 듯한 힘이다."[21]

히브리 시의 대구법

히브리 시에는 적어도 세 가지 유형의 대구법이 있다. 동의적 대구법에서는 첫째 행에 묘사된 개념을 둘째 행에서 다시 진술하거나 지지하며(욥 3:11), 반의적 대구법에서는 첫째 행의 개념과 둘째 행의 개념이 대조를 이룬다(욥 8:7). 그리고 발전적(또는 종합적) 대구법에서는 첫째 행의 개념이 둘째 행에서 확장되거나 진전을 이룬다(욥 5:19).

19 Alter, *The Art of Biblical Poetry*, 89.
20 Ibid., 92.
21 Ibid., 90.

히브리 시의 중요한 특징은 하나 또는 그 이상의 행들로 첫 행과 병행을 이루게 하는 대구법의 사용에 있다.[22] 히브리어를 모르는 사람이라도, 현대의 성경 역본들에 나타난 그 시들의 배열 방식에서 이 특징을 뚜렷이 찾아볼 수 있다. 히브리 시의 경우, 똑같은 사상을 둘째 행이나 셋째 행에서 그저 반복하는 일은 드물다. 일반적으로는 그 개념을 어떤 식으로든 좀 더 강화하거나 진전시키는 모습을 보인다. 예를 들어 욥기 38:2을 살펴보면, 그 행을 이렇게 배열할 수 있다.

누구냐
내 계획[23]을 어둡게 하는 자가
지식이 없는 말로[24]

"지식이 없는 말로"라는 어구는 "내 계획을 어둡게 하는 자가"라는 어구와 병행을 이룬다. 그런데 이 어구는 단순히 앞선 행에 담긴 개념을 되풀이하는 것이 아니다. 이 행에서는 욥이 어떤 식

---

22 이에 관해 더 자세히 살피려면, Craig G. Bartholomew and Ryan O'Dowd, *Old Testament Wisdom: A Theological Introduction* (Nottingham: Apollos; Downers Grove, Ill.: IVP Academic, 2011), 47-72를 보라.

23 역주: 원서에는 'counsel'로 기록되어 있고, 개역개정판에는 이 단어가 "생각"으로 번역되어 있다.

24 역주: 원서에는 'with words without knowledge'로 기록되어 있고, 개역개정판에는 이 어구가 "무지한 말로"로 번역되어 있다.

으로 하나님의 계획을 어둡게 했는지를 보이면서, 앞선 행의 의미를 강화한다. 곧 욥은 참된 지식 없이 말함으로써 그런 일을 행했던 것이다. 그리고 히브리어 원문의 "(지식이) 없는 말로"에는 언어유희도 담겨 있다. 여기서는 '없는'과 '말로'를 뜻하는 단어 모두에 히브리 글자 *b, l, y*가 포함되며, 이로써 그 말들의 공허함을 강조한다.

그 외에도 히브리 시는 현대 시와 유사한 여러 특징을 지니는데, 여기에는 상상력을 일깨우는 어휘, 인유와 은유와 직유의 사용, 언어유희 등이 포함된다. 예를 들어, 위의 38:2에서 하나님은 그분의 계획을 "어둡게" 하는 자에 관해 말씀하신다. 구약에서 "계획"은 지혜와 빛에 결부되는 단어로, 여기서는 그 하나님의 지혜에 그림자를 드리우는 형태의 발언에 관해 경고가 주어진다.[25] 잘 쓰인 시구를 접할 때와 유사하게, 우리는 이 구절을 읽고 그 이미지를 깊이 생각하면서 욥의 발언이 어떤 식으로 하나님의 지혜를 가렸는지, 또 그의 발언이 그분의 지혜를 가리게 된 이유는 무엇인지 등에 관해 수많은 질문을 던지게 된다. 그 이미지는 또한 욥의 마음에 깊은 찔림을 주었을 것이다. 욥은 하나님이 나타나셔서 그분의 책임을 인정하시기를 갈망했지만, 이제 오히려 욥 자신

---

25 히브리어에서 '어둡게 하다'를 뜻하는 단어는 '어지럽히다' 또는 '모호하게 하다'를 의미할 수도 있다.

이 하나님의 계획을 어둡게 하는 자로 책망을 듣고 있다!

욥의 발언들은 시들의 풍성한 저장소와 같아서, 독자들로 하여금 바로 그런 방식으로 그의 발언들을 면밀히 살피도록 자극을 준다. 여기서는 엘리후의 발언 전에 있었던 욥의 마지막 말을 좀 더 자세히 관찰한 후, 하나님의 말씀을 살펴보려고 한다. 31:35-40의 내용은 31:40의 서술자 해설로 이어진다. "욥의 말이 그치니라." 이 언급 자체가 중요한 의미를 지니는 것으로서, 욥에게는 더 이상 할 말이 없었음을 보여 준다. 그는 이제 할 말이 바닥났던 것이다. 31:35-40은 다음과 같다.

> 누구든지 나의 변명을 들어다오
> 나의 서명이 여기 있으니 전능자가 내게 대답하시기를 바라노라
> 나를 고발하는 자가 있다면 그에게 고소장을 쓰게 하라
> 내가 그것을 어깨에 메기도 하고
> 왕관처럼 머리에 쓰기도 하리라
> 내 걸음의 수효를 그에게 알리고
> 왕족처럼 그를 가까이하였으리라
>
> 만일 내 밭이 나를 향하여 부르짖고
> 밭이랑이 함께 울었다면
> 만일 내가 값을 내지 않고 그 소출을 먹고
> 그 소유주가 생명을 잃게 하였다면

밀 대신에 가시나무가 나고
　보리 대신에 독보리가 나는 것이 마땅하니라 하고

욥의 말이 그치니라

31:35에서 욥은 특히 하나님이 자신의 말을 들어 주었으면 하는 깊은 갈망을 드러낸다. 자신의 발언에서 그는 하나님을 법정으로 모셔 오기 원하는 뜻을 종종 나타내는데, 이는 그분이 자신의 입장을 해명하실 수밖에 없게 하려는 것이다. 이 구절에서 우리는 다시 법정의 언어를 접하게 되며, 이는 '고소장'을 뜻하는 히브리어 단어에 암시되어 있다. 이 단어는 누군가에게 소송을 제기하는 일을 가리키고, 이 경우에는 욥이 그 대상이 된다.

"전능자가 내게 대답하시기를 바라노라"와 "나를 고발하는 자가 있다면 그에게 고소장을 쓰게 하라"라는 두 행은 병행을 이룬다. 여기서는 첫 행의 의미가 둘째 행에서 강화되고 있다. 곧 욥이 요구하는 것은 단순한 대답이 아니라, 자신을 고소하는 이유를 기록한 법적 문서인 것이다. 더욱이 둘째 행에서는 바로 그 전능자를 욥의 고발자로 간주하고 있다. 또한 여기서 욥이 그 항변 내용에 서명함으로써, 31:40에서 "욥의 말이 그치니라"가 언급될 것이 예고된다. 욥은 그 소송이 진행될 가망이 없음을 알았다. 무슨 수로 전능자로 하여금 고소장을 제출하게 할 수 있겠는가? 하지만 그는 이미 자신의 속마음을 다 쏟아 놓았고, 더는 할 말이 없었다. 법정에서 시비를 가리는 것은 종종 정의를 되찾기 위해 절망적인 몸부림으로 취하는 최후의 수단이다. 이를테면 여기서 욥은 자신의 항변 내용을 검토한 후 충분하다 여기고, 서명하여 제출한 것이다. 그가 느끼기에는 더 이상 할 수 있는 일이 아무것도 없었다.

31:36-37의 대구법은 쉽게 파악된다.

> 내가 그것을 어깨에 메기도 하고
> 　왕관처럼 머리에 쓰기도 하리라
> 내 걸음의 수효를 그에게 알리고
> 　왕족처럼 그를 가까이하였으리라

36절의 첫 행에 담긴 생각은 둘째 행에서 강화된다. 욥은 하나님이 쓰신 고소장을 모든 이에게 보여 주고 싶다고 상상한다. "왕관처럼"이라는 표현에서 드러나듯, 그는 그 고소장이 자신을 왕족 같은 존재로 만들어 줄 것으로 여긴다. 이는 바로 그 고소장이 자신의 무고함을 입증해 줄 것이라고 믿기 때문이다.

37절에서는 첫째 행의 개념이 둘째 행에서 더 진전되고 있다. 첫째 행에서 욥은 자기 삶을 남김없이 기록한 자료를 하나님께 제출할 것이라고 언급하며, 둘째 행에서는 통치자 앞에 합당한 겸손과 경외심을 품고 그 자료를 하나님께 드릴 것이라고 서술한다.

그는 38-40절에서 다시 자신의 결백을 주장하면서, 이번에는 땅을 그 중심 은유로 삼는다. 여기서는 땅과 그 거주민에게 관심을 돌림으로써, 하나님이 온 창조 세계에 관심을 품고 계심을 미리 알린다. 실제로 욥기에는 환경 윤리의 중요한 자료들이 담겨 있다. 욥은 하나님이 창조 세계 내의 땅과 그 거주민들을 사랑하심을 알고, 땅을 의인화하여 표현한다. 이는 주님이 창세기 4:10에서 사용하신 것과 유사한 방식으로, 그 구절에서 하나님은 아벨이 흘린 피 때문에 땅이 부르짖는다고 언급하신다. 욥은 인간에게 땅을 관리하고 돌볼 책임이 있음을 알고, 많은 땅의 소유자로서 38절에서 "내 밭"을 언급한다.

창세기 4장에서는 땅이 가인에게 항의하며 부르짖었다. 그리고 여기서는 욥이 이렇게 언급한다. 곧 자신 때문에 땅이 부르짖으며 밭이랑이 학대와 폐해로 눈물짓게 되었거나, 자신이 그 거주민들을 착취한 일이 있다면(31:39), 하나님은 아담과 하와의 경우에 그러셨듯이 그 땅을 마음껏 저주하실 수 있다는 것이다(31:40). 이 절에서 각각 "부르짖다"와 "땅"으로 번역된 히브리어 단어들은 창세기 4:11에 쓰인 것과 동일하다. 하지만 각각 "가시나무"와 "독보리"로 번역된 단어들의 경우, 창세기 3:18에 쓰인 것과 그 개념은 같으나 실제로 사용된 단어는 다르다. 물론 욥의 말은 자신이 그런 죄를 범하지 않았으며, 부당한 고통을 당하고 있다는 뜻이다. 혹시 그가 창세기의 앞부분을 염두에 둔 것이라면, 그의 항변은 이런 의미가 된다. 곧 자신에게는 죄책이 없음을 확신하지만, 만약 죄가 있다 해도 아담과 하와, 가인의 경우처럼 그 죄에 걸맞은 벌을 내려 달라는 것이다. 다시 말해 지금 겪는 이 견디기 힘든 고통, 죄의 무게와 어울리지 않는 이 참혹한 고통을 거두어 달라는 것이다.

> 이렇듯 시를 활용함으로써, 욥기는 욥을 급습한 비극의 깊이를 독자들에게 일깨워 준다.

욥의 이 짧은 최후 언급에서, 우리는 그가 당한 고통과 절망의 깊이를 상기시켜 주는 시의 힘을 맛보게 된다. 이렇듯 시를 활용함으로써, 우선 욥기는 욥을 급습한 비극의 깊이를 독자들에게 일깨워 준다. 유대인 사상가 조지 슈타이너(George Steiner)는 욥을 예로 들면서 이렇게 언급했다. "세계에 대한 유대인들의 이해에서 비극은 낯선 것이다."[26] 곧 슈타이너가 볼 때 비극은 본질적으로 고대 그리스인들에게 속한 것으로, 이 세상에서 인간은 맹목적인 필연에 맞닥뜨리게 된다고 여기는 관점에서 생겨난 것이었다.

C. S. 루이스는 자신이 가장 두려워하는 것은 하나님이 존재하

26 George Steiner, *The Death of Tragedy* (New York: Oxford University Press, 1961), 4.

지 않을지도 모른다는 것이 아니라, 그분이 선한 존재가 아닐지도 모른다는 것이라고 언급한 적이 있다. 그리스인들은 그보다 더 불행한 문제와 씨름해야만 했다. 그들은 이 세상을 다스리는 인격적이며 선하신 하나님의 존재를 믿지 않고, 궁극적으로 자신들이 비인격적인 힘의 통제 아래 있다고 여겼기 때문이다. 그 힘은 그들의 행복에는 아랑곳없이 그들의 삶을 지배했으며, 누구도 그 통제에서 벗어날 수가 없었다!

확실히 욥이 맞닥뜨린 문제는 맹목적인 필연이 아니라, 그가 섬기는 하나님의 존재와 지금 처한 고난의 상황을 서로 조화시키기 어렵다는 것이었다. 그가 씨름한 문제는 C. S. 루이스가 품었던 두려움에 더 가까웠던 것이다. 하지만 비극에 관한 슈타이너의 정의에는 협소한 면이 있으며, 고대와 현대의 문학에 나타난 '비극과의 투쟁' 맥락에서 욥기를 살펴보는 일은 여전히 가치가 있다.

미국 철학자 마사 누스바움(Martha Nussbaum)은 도덕 학습에서 이야기와 이미지가 지닌 역할의 중요성을 이렇게 지적한다. "인간의 경험에 관련된 어떤 진리들은 특수한 상황에서 그 일들을 직접 체험함으로써 가장 잘 습득할 수 있다. 또 이 특수성은 사유 '자체'의 힘만으로 이해될 수 있는 것도 아니다."[27] 이는 비극이 우리

27 Martha Nussbaum, *The Fragility of Goodness: Luck and Ethics in Greek Tragedy and Philosophy* (2d ed.; Cambridge: Cambridge University Press, 2001), 186.

로 하여금 자신의 정체성과 제대로 된 삶을 살아나갈 가능성 사이의 간격을 탐구하도록 이끈다는 그녀의 논지와도 연관된다.[28] 그리고 욥기에 담긴 시와 생생하고 단조로운 이미지들을 통해, 우리는 그 비극의 특수성을 상기하게 된다.

헨리 나우웬(Henri Nouwen)이 언급했듯이, 가장 개인적인 성격을 띤 일이 가장 보편적인 것이 되는 경우가 종종 있다. 욥의 시에서 우리는 욥이 가장 낮고 비참한 상태에 빠진 모습과 결국에는 회복되고 번성하는 모습 사이에 놓인 간격을 보게 된다. 그럼으로써 우리는 자신이 씨름하는 문제들을 돌아보고, 그 속에서 하나님이 일하고 계실지도 모른다는 희망을 발견하게 된다.

미덕에 관해 추상적 견해를 고수했던 반대자들과 달리, 고대 그리스의 철학자 아리스토텔레스는 비극의 핵심적 요소는 연민과 두려움의 감정에 있으며, 이 감정들은 우리에게 이해와 깨달음을 가져다주는 귀중한 원천이 된다고 보았다.[29] 욥기에는 모든 종류의 감정이 담겨 있으며, 그 책에서는 그 비극적인 고난을 지나 해결에 이르기까지 욥과 동행하면서 독자의 내면 역시 다듬어져 갈 것으로 기대하고 있다.

신학자 피터 레이하르트(Peter Leithart)는 기독교의 인생관을 '심

---

28 Ibid., 378-85.

29 Ibid., 378-94.

원한 희극'(deep comedy)으로 묘사한다. 물론 이때 '희극'은 독특한 의미로 사용된 표현이다. 그에 따르면 성경은 미래의 비극에 대한 두려움이 조금도 남아 있지 않은 결말을 미리 보여 주며, 그 등장인물들은 처음의 상태를 능가하는 성취로 나아가게 된다. 곧 그들은 영광에서 영광으로 진전해 가는 것이다. 그러나 레이하르트가 바르게 지적하듯, 이 심원한 희극이 비극의 존재를 지워 버리는 것은 아니다. 다만 그 희극은 우리로 하여금 그 '심원한 비극'이 지닌 고통스러운 깊이를 온전히 헤아리게 해 줄 뿐이다.

> 부활로 정당성이 입증되는 것은 십자가형 자체가 아니라 그 십자가에 못 박히셨던 분이다. 그렇기에 복음의 이야기는 손쉬운 도덕주의나 감상적인 자유주의의 기반을 허물어뜨린다.…십자가와 부활은 슬픔과 상실감을 강화하며, 어떤 의미에서 비극을 더욱 비극적인 것으로 만든다.[30]

플랜팅가의 언급처럼, "만약 하나님이 계시지 않는다면, 진정한 의미에서 소름끼치는 악과 같은 것은 존재할 수 없다."[31] 그러므로 우리의 상태에 관해 '기쁜 소식'을 알리는 데 집착하는 도덕철

---

30 Peter J. Leithart, *Deep Comedy: Trinity, Tragedy, and Hope in Western Literature* (Moscow, Idaho: Canon Press, 2006), 25.

31 James F. Sennett, ed., *The Analytic Theist: An Alvin Plantinga Reader* (Grand Rapids, Mich.: Eerdmans, 1998), 339에서 인용함.

학자들을 버나드 윌리엄스(Bernard Williams)가 비판한 것은 어떤 의미에서 옳은 일이다.[32] 비극의 역할은 우리로 하여금 타락한 인간의 삶에 내재한 공포를 대면하게 하는 데 있으며, 이는 욥기의 경우에도 그러하다. 물론 소름 끼치는 맹목적 필연의 지배 아래 있는 그리스 비극과 욥기 사이에는 결정적인 차이가 있다. 욥기의 중심에는 하나님이 계시며, 하나님은 자신이 선하게 창조하신 이 세계를 섭리로 다스리시기 때문이다.

> 비극의 역할은 우리로 하여금 타락한 인간의 삶에 내재한 공포를 대면하게 하는 데 있으며, 이는 욥기의 경우에도 그러하다.

또한 시를 통해 우리는 창조주이시며 우주의 주권자이신 하나님을 언뜻 바라보게 된다. 욥기에서 하나님이 주시는 말씀은 매우 놀랍다.

---

32 Bernard Williams, *Shame and Necessity* (Berkeley, Calif.: University of California Press, 1993). 그러나 윌리엄스의 현실주의는 우리로 삶의 많은 부분을 통제할 수 없는 상태에 머무르게 만든다. 이에 반해, 누스바움은 그녀의 책 *Fragility of Goodness*(선의 허약성)에서 좀 더 긍정적인 현실주의를 제안한다. 누스바움에 따르면, 이 현실주의는 우리가 스스로 변화시킬 수 없는 일은 받아들이면서도 윤리적으로 참여할 수 있는 영역에는 적극적으로 관여하게끔 이끈다. 하지만 누스바움은 계몽주의의 목표인 '이성에 근거한 사회적 삶'을 옹호하는 한편, "이제 우리가 전반적인 선을 이루는 섭리로 지배되는 세상 가운데 있다고 믿는 이는 거의 없으며, 인간의 사회가 더 위대한 완성을 향해 나아간다는 목적론을 따르는 이는 더욱 드물다."라고 언급하면서 그런 주장을 펼친다(*Fragility of Goodness*, xvi, xv). 그런 비전이 실제로 얼마나 희망적인지는 알기 어려울 뿐 아니라, 전 세계적으로 종교가 부흥하는 상황에서 그런 믿음을 따르는 이가 '거의 없으리라는' 점을 누스바움이 어떻게 확신할 수 있는지는 의문이다.

욥기에 담긴 시가 그 기교와 표현력 면에서 성경의 다른 시들을 능가한다고 볼 때, 그중에서도 하나님이 폭풍 가운데서 말씀하시는 절정 부분의 시는 앞서 등장한 모든 시를 압도하는 힘을 지닌다. 여기서 시의 저자는 욥의 시들에 부여했던 것보다 훨씬 더 풍성하고 놀라운 시적 표현법을 발휘하기 때문이다.[33]

하나님이 마침내 폭풍우 가운데서 욥에게 응답하실 때, 그분은 욥의 탁월한 시와 형식적 연관성을 지닌 시로써 말씀하신다. 다만 그분의 시는 더 광대한 시야를 드러내며, 거기에는 더욱 큰 힘이 담겨 있다.…즉 하나님은 욥이 사용한 여러 핵심 이미지를 취해서 사용하시며, 특히 처음에 욥이 죽음을 갈망하며 읊었던 시(3장)에서 이미지들을 가져오신다. 그분의 말씀은 점점 더 강도를 더해 가면서 힘 있게 전개되는 논증으로 나타나며, 그 속에는 그분의 창조 사역에서 시작하여 자연 세계의 작용을 거친 뒤 무수한 동물들의 세계에 이르는 이야기의 내재적 흐름이 담겨 있다.[34]

학자들은 하나님이 욥의 고난에 대한 대답으로 그 말씀들을 주신 것인지에 관해 논쟁을 벌인다.[35] 뉴섬(C. A. Newsom)은 욥기에

---

33 Alter, *The Art of Biblical Poetry*, 87.

34 Alter, *The World of Biblical Literature*, 188-89.

35 현대적인 관점의 한 예로는, Kathryn Schifferdecker, *Out of the Whirlwind: Creation Theology in the Book of Job* (Harvard Theological Studies 61; Cambridge: Cambridge University Press, 2008), 5-11를 보라.

담긴 다양한 목소리를 식별한 뒤, 그중 어떤 것도, 심지어 하나님의 음성조차도 이 책에서 제기되는 질문들에 답을 주지는 않는다고 주장한다. 그러나 존 레븐슨(Jon Levenson)은 뉴섬의 책 *The Book of Job: A Contest of Moral Imaginations*(욥기: 도덕적 상상력들의 경연장)에 관한 서평에서 다음과 같이 통찰력 있게 지적한다. "삼백 년에 걸쳐 세속화와 역사 비평이 전개되면서, 우리는 하나님이 자신에 관해 주신 말씀을 인간이 그분에 관해 생각한 내용과 같은 수준의 것으로 간주하도록 강요받게 되었다. 고대의 이스라엘인들이 우리처럼 불가지론적인 충동을 느꼈다든지, 해결될 가망이 없이 끝없이 지속되는 대화를 높이 평가했으리라는 주장은 충분히 의심스러운 것이다."[36]

자신이 당한 고난의 이유에 관해 욥이 직접적인 답을 듣지 못한 것은 사실이다. 그러나 욥은 이전에는 자신이 하나님에 관해 듣기만 했으나, 지금은 그분을 보게 되었음을 고백한다. 이는 그 고난이 그에게 심오한 변화를 가져다주었음을 알려 준다. 하나님은 그분의 말씀으로 욥에게 응답하셨지만, **그가** 던진 질문들에 답하지는 않으셨다. 42:3에서는 38:2의 '계획을 어둡게 하는 일'에 관한 언급이 반복되며, 이는 하나님이 주신 말씀들을 감싸는 틀을 이룬

36 Jon D. Levenson, review of C. A. Newsom, *The Book of Job: A Contest of Moral Imaginations*, *JR* 84 (2004): 271-72.

> 욥은 이전에는 자신이 하나님에 관해 듣기만 했으나, 지금은 그분을 보게 되었음을 고백한다. 이는 그 고난이 그에게 심오한 변화를 가져다주었음을 알려 준다.

다. (성서학에서는 이렇게 감싸는 구조를 '인클루지오'[inclusio]라고 부른다.) 욥 역시 42:3에서 38:2의 내용을 다시 언급하는데, 이는 하나님이 주신 말씀의 목적이 성취되었음을 보여 준다. 하나님이 품으신 뜻은 욥의 뜻과는 전혀 달랐으며, 욥에게는 그분의 말씀을 통해 중대한 변화가 찾아왔다. 욥은 하나님에 관해 아는 데에서 한 걸음 더 나아가, 하나님과 깊은 인격적 관계를 맺게 되었던 것이다. 이제 욥은 자신의 피조물됨을 인정하고 받아들이게 되었다.

여기서 하나님의 말씀이 지닌 놀라운 측면은 인간과 무관한 창조 세계의 영역에 초점을 맞춘다는 점이다. 캐스린 쉬퍼데커(Kathryn Schifferdecker)는 이렇게 인간과 무관한 영역이 강조되고 있음을 바르게 지적한다. 그러나 이런 측면에서 그 말씀들이 성경 가운데서도 독특한 성격을 지닌다는 쉬퍼데커의 결론은 그릇된 것이다. 쉬퍼데커는 **언약이 아니라** 창조 세계에서 욥이 답을 찾아야 한다고 강조한다. 그러나 욥기 42장에는 "여호와", 곧 이스라엘의 하나님이 지니신 위대한 언약적 이름이 반복적으로 나타날 뿐 아니라(출애굽기 3, 6장 참조), 번제 역시 언급되고 있다(42:8). 그러므로 이 본문을 어떤 식으로든 언약과 무관하게 해석하는 독법은 설득력을 잃는다. 그리고 창조 세계에서 인간이 지닌 독특한 위치에 관해 논하자면, 여기서 창조 세계로 인도받은 것은 타조나 당나귀가 아니라 바로 욥임을 기억해야 할 것이다![37]

여기서 하나님이 주시는 말씀에는 구약의 나머지 부분에서 묘사되는 것과 다른 창조 신학이 담겨 있지 않다. 다만 욥을 자기중심적 상태에서 벗어나게 하기 위해, 인간과 무관한 피조물들이 강조될 뿐이다. 이는 그가 겪어야 할 변화 과정의 일부였다. 욥은 창조 세계에는 자기 자신 외에도 훨씬 더 많은 피조물들이 있음을 깨달아야 했다. 말씀의 초점을 자연 세계와 동물들에 맞추신 이유는, **자신**의 경험에 매몰되어 있는(이해할 만한 것이긴 하지만) 욥의 시야를 넓혀 주시려는 것이었다. 3장에서 욥은 자기중심적인 태도로 이 세상을 무효화시키려 했다. 그러나 하나님이 주신 말씀은 욥을 비롯한 인류와는 **별개로** 존재하시는 여호와와 그분의 세상에 초점을 맞추고 있다.

롤프 크니림(Rolf P. Knierim)은 다음과 같이 통찰력 있게 언급한다.

> 욥이 여호와의 공의에 관해 제기한 이의가 옳은지는 그 자신의 경험이 아니라, 여호와가 창조하고 돌보시는 세상의 보편 질서에 근거하여 판정된다는 말씀을 욥은 듣게 된다. 여호와께서 욥의 모든 삶에서 손을 떼셨다는 점에서는 욥의 말이 옳았다. 하지

37 7:17-21에서 욥은 시편 8편을 흉내 낸다.

> 만 욥이 여호와의 공의에 보편적인 이의를 제기한 것은 그릇된 일이었다. 그는 그런 이의를 제기할 만큼 보편적인 경험을 지니고 있지 않았다. 그가 지닌 경험은 총체적인 지혜가 될 수 없으니, 그 경험은 이 세상 전체의 구조를 반영하는 것이 아니기 때문이다. 이는 그가 그 구조의 창조자도, 유지자도 아닌 것과 마찬가지이다.[38]

하나님이 주신 이 말씀들은 참으로 놀랄 만한 것이다. 조지 슈타이너는 위대한 작가 셰익스피어가 화창한 날 집에 앉아 희곡을 창작하는 모습은 상상할 수 있지만, 욥기에서 하나님이 주신 이 말씀들을 어떤 사람이 그렇게 창작하는 모습은 전혀 상상이 가지 않는다고 언급했다. 그 말씀들에는 참으로 신적인 성격이 담겨 있기 때문이다. 소설가 프레드릭 비크너(Frederick Buechner)는 하나님의 이 말씀들에 관해 이렇게 언급한다.

> 하나님은 그저 목을 가다듬으려고 헛기침을 하셨을 뿐이다. 하지만 욥은 거의 쓰러질 정도의 타격을 입었으며, 이는 시작에 불과했다. 여기 담긴 이 말씀은 구약 전체에서 하나님이 주신 말씀들 가운데서 가장 매혹적인 것이다. 이 말씀의 대부분은 이제껏 하나님 또는 다른 누군가가 던져 본 적이 있는 질문들 중에서 가

38 Rolf P. Knierim, *The Task of Old Testament Theology: Method and Cases* (Grand Rapids, Mich.: Eerdmans, 1995), 202.

장 매혹적이며 파격적인 것들로 이루어져 있다.[39]

38:2-38에서 하나님은 이 세상을 창조하고 돌보시는 그분의 사역에 시의 초점을 맞추시며, 38:39-39:30에서는 이 세상의 동물들에게로 초점을 옮기신다. 또 40:6-14에서는 욥과 더욱 긴밀히 연관된 주제인 그분의 공의에 관해 말씀하시며, 이어 40:15-41:34에서는 베헤못과 리워야단에 관해 논하신다. 사람은 이 거대하고 신비한 피조물들을 통제할 힘이 없지만, 하나님은 그 일을 행하실 수 있다.

앞서 우리는 하나님이 주신 말씀들이 주로 질문으로 되어 있음을 살펴보았다. 심리학자인 친구는 부담스러운 회의에 참석하게 되면 **질문을 던지라**고 내게 조언하곤 한다. 그러면 그 논의되는 사안에 관해 상대방이 책임을 짊어지게 된다는 것이다. 하나님이 던지신 질문들의 의도 또한 거기에 있었다. 곧 욥으로 하여금 여호와 앞에서 **자신의 정체성**에 관해 깊이 성찰하게 하려는 것이다.

욥기에서 하나님이 주신 말씀은 풍성한 은유와 암시, 사고를 자극하는 표현으로 가득 차 있다. 이 모두는 창조 세계의 광활함과 하나님이 그 만물을 강력하고도 자애롭게 다스리심을 욥에게 생생히 일깨우기 위해 활용된 것이다. 앞서 욥의 마지막 말을 살피

39 Frederick Buechner, *Peculiar Treasures: A Biblical Who's Who* (San Francisco, Calif.: HarperSanFrancisco, 1979), 75.

면서 보았듯이, 욥은 이렇게 항변했다. "전능자가 내게 대답하시기를 바라노라"(31:35). 그러나 여기 38:3에서 주님은 욥에게 이렇게 말씀하신다. "너는…내가 네게 묻는 것을 대답할지니라."

38:4-38에는 사고를 자극하는 일련의 질문들이 이어지며, 이를 통해 욥은 여호와가 창조주이시고 자신은 피조물임을 보게 된다. 또한 시적인 형태로 표현됨으로써, 그 질문들에는 큰 힘과 에너지가 실리게 된다. 여러분은 잠시 창세기 1:1-2:3을 읽고, 욥기의 이 부분을 다시 살펴보기 바란다. 두 본문 모두 창조를 묘사하지만, 창세기 1장은 이야기체 산문인 데 비해 욥기 38장은 시로 되어 있음을 바로 알 수 있다.

창세기 1장에서는 그 모태에서 터져 나오는 바다(38:8)에 관한 언급을 찾아볼 수 없으며, 하나님이 구름으로 옷을 삼아 바다를 덮으시는 모습(38:9)이나 "높은 파도"(38:11)에 관한 묘사도 찾아볼 수 없을 것이다. 그리고 아침에게 명령하시며 새벽에게 그 자리를 일러 주시는 일(38:12)이나, 눈 곳간과 우박 창고(38:22)에 관한 언급도, 광명이 뻗치는 길(38:24)에 관한 묘사 등도 찾아볼 수 없다.

이 모두는 욥이 제한된 피조물임을 보여 주기 위해 마련된 고차원적인 수사법이다. 욥은 제한된 시야를 지닌 자로서 제한된 시간을 살아가며, 그의 지식 역시 제한되어 있다. 이는 38:21에서 하나님이 던지시는 반어적인 질문에서 드러나는 바와 같다. "네가 아마도 알리라 네가 그때에 태어났으리니 너의 햇수가 많음이니라."

38:39-40과 40:15-41:34에서 하나님은 욥으로 동물들의 세계에 주목하게 하신다. 하나님은 사람을 자신의 형상으로 지으시고, 왕이신 그분을 섬기는 청지기로 삼으셨다. 이는 그로 하여금 이 창조 세계를 돌보고 발전시키게 하며, 그럼으로써 위대하신 왕의 모습을 온 세상에 드러내게 하시려는 것이었다(창 1:26-28). 그러므로 하나님은 동물 세계에도 관심을 쏟으시며, 사람들도 마땅히 그리해야 한다.

이 본문들에서 하나님은 그 세계와 직접적인 관계 속에 있는 분으로 묘사된다. 그 예로, 38:41에서 새끼 까마귀들은 굶주릴 때 **하나님께** 먹이를 달라고 부르짖고 있다. 하나님이 욥에게 질문들을 던지심으로써 욥이 알지도, 행하지도 못하는 일들이 드러날 뿐 아니라, 하나님이 **아시고 행하시는** 일들 역시 드러난다! 예를 들어 39:1-2에서는 하나님이 산 염소가 새끼를 낳는 때에 관해 관심을 보이시며 그때를 아신다는 것을 암시한다. 들나귀에게 자유를 주시고, 그 동물이 잘 자라날 곳과 먹이를 찾아다닐 언덕을 마련해 주시는 분도 하나님이시다(39:5-8). 39:7에서는 나귀를 의인화해서 그 동물이 성읍의 요란한 소리를 비웃으며, 나귀 치는 사람의 고함소리를 무시하는 것을 표현한다.

> 하나님은 인간과는 무관한 이 창조 세계의 영역에서 즐거움을 얻으시며, 자신의 피조물들이 흥왕하고 번성하게 하는 일에 관심을 쏟으신다.

이 절들은 창조 세계에 인간 외에 다른 생물들도 살아가고 있음을 드러내 보이고, 그럼으로써 이 세상의 생명 현상에는 욥의 삶 외에도 매우 다양한 모습이 있음을 암시한다. 우리는 하나님이 인간과는 무관한 이 창조 세계의 영역에서 즐거움을 얻으시며, 자신의 피조물들이 흥왕하고 번성하게 하는 일에 관심을 쏟으신다는 느낌을 받게 된다. 예를 들어 39:13-18에서는 타조가 자기 새끼를 어리석게 다루는 모습을 익살스럽게 표현하는 한편, 그 동물의 빠른 속도에 관해서는 경탄을 드러내고 있다.

자연과 동물 세계에 관해 하나님이 욥에게 던지신 질문들은 전능하신 창조주 하나님과 한 인간일 뿐인 욥 사이의 거대한 격차와 관련되어 있다. 40:7-14에서 이 격차는 특히 하나님의 공의에 관해 욥이 던졌던 의문에 결부된 형태로 나타난다. 우리와 달리, 욥은 1-2장에 묘사된 천상의 장면을 보지 못했다는 점을 기억해야 한다. 그리고 하나님은 욥이 그런 고난을 당해야 했던 이유를 그에게 설명해 주시지 않았다. 그 대신, 하나님은 욥으로 하여금 **그분의** 위대하심과 그에 대비되는 욥 자신의 미천함에 주목하게 하신다. 이 질문들은 베헤못과 리워야단에 관한 논의로 이어진다(40:15-

41:34). 이 동물들은 인간은 통제할 수 없지만 하나님은 그 본성을 아시며 친히 다스리시는 피조물의 예가 된다. 비크너는 다음과 같이 바르게 지적한다.

> 그(욥)는 순수하고 강렬한 빛과 기쁨이 충만한 큰 영광을 보았고, 거칠고 두렵지만 아름다움이 가득한 노래처럼 울리는 큰 목소리를 들었다. 그리하여 그 순간 이후, 다른 것은 아무것도 중요치 않게 되었다. 그가 내세울 법한 의문은 다 안개처럼 사라져 버리고, 이에 관해 내놓을 법한 설명도 모두 마른 풀처럼 시들어 버렸다. 그가 살면서 겪은 좋은 일과 나쁜 일 모두는 헤아릴 수 없이 깊은 하나님의 생명 속으로 이끌려 들어갔다. 하나님에 비하면 그는 춤추는 벼룩의 옷깃에 꽂힌 핀 꼭대기에 있는 한 점의 먼지에 불과했으나, 하나님은 자신을 낮추어 그와 말씀을 나누셨던 것이다. 그래서 그가 할 말은 이것뿐이었다. "내가 주께 대하여 귀로 듣기만 하였사오나 이제는 눈으로 주를 뵈옵나이다 그러므로 내가 스스로 거두어들이고 티끌과 재 가운데에서 회개하나이다"(욥 42:5-6).[40]

40 Buechner, *Peculiar Treasures*, 76-77.

| 읽어 볼 글들 |

- 창세기 1-3장
- 욥기 29-31장

| 생각해 볼 질문 |

01 욥기 29-31장에서 짧은 단락을 하나 택해서 읽어 보라. 그 시적 특성에 유의하면서 그 본문을 세심히 읽어 갈 때, 당신은 욥의 고난에 더욱 공감하게 되는가? 그 이유는 무엇인가?

02 당신의 삶에 심대한 영향을 끼친 소설이나 시를 떠올려 볼 수 있는가?

03 그 시나 소설이 당신의 삶에 그런 영향을 끼쳤다고 생각되는 이유는 무엇인가?

04 예기치 않은 끔찍한 고난을 주제로 다루는 데에, 시를 포함하는 이야기로 기록된 욥기의 문학 양식이 특히 적합한 이유는 무엇인가?

6장

욥이 겪은 변화의 여정

길게 이어지는 시들이 포함된 이야기로 욥기를 읽으면서, 우리는 그 중심 주제가 **고난을 통한 형성**에 있음을 의식하게 된다. 성경의 어떤 책들의 경우, 다른 학문 분야의 관점에서 살펴보는 것이 매우 유용하다. 예를 들어 엘렌 데이비스(Ellen Davis)의 책 『성서 문화 농업』(*Scripture, Culture, and Agriculture*, 코헨)[41]에서는 구약성경과 새로운 농본주의, 특히 웬델 베리(Wendell Berry)의 사상 사이에 풍성한 대화를 진행시키며, 그로부터 통찰력 있는 결실을 얻어 낸다.

욥기의 경우에는 심리학이 그런 학문이다. 욥이 겪은 것과 같은

41 Ellen F. Davis, *Scripture, Culture, and Agriculture: An Agrarian Reading of the Bible* (Cambridge: Cambridge University Press, 2008).

경험은 심리 분석에 적합한 재료가 되기 때문이다. 이 장에서는 저명한 심리학자 칼 융의 통찰을 활용해서 욥의 경험을 탐구하려 한다.[42] 수재나 티치아티(Susannah Ticciati)는 욥기의 중심 주제가 **자기**(the self)와 그 변혁에 있음을 바르게 지적하며,[43] 융의 전통에 속한 에드워드 에딘저(Edward F. Edinger)는 융이 제시한 것보다 더 유용한 욥기의 독법을 제시한다. 그에 따르면, 욥기는 자기와 대면하는 일에 관한 포괄적인 해설을 서술하고 있다.[44]

욥기에 관한 융의 고찰

융이 욥기에 관해 가장 상세히 논의한 내용은 1952년에 저술한 『욥에게 주어진 대답』(*Antwort auf Hiob*)에서 찾아볼 수 있다(이 책은 1954년에 같은 제목[*Answer to Job*]으로 영역되었다). 융은 그 책에서, 의로운 욥이 괴로움을 겪도록 하나님이 허용하신 것은 그릇된 일이었다고, 논란이 될 만한 주장을 폈다.

---

42 애도 과정의 단계 분석은 욥기를 분석하는 데 활용할 수 있는 또 다른 방편이지만, 그 분석에는 융의 심리학에 담긴 변혁적 요소가 결핍되어 있다.

43 Susannah Ticciati, *Job and the Disruption of Identity: Reading beyond Barth* (London/New York: T&T Clark, 2005).

44 Edward F. Edinger, *Ego and Archetype: Individuation and the Religious Formation of the Psyche* (Boston, Mass.: Shambhala, 1992, 『자아발달과 원형』, 학지사), 76-96. 욥기의 역사성을 놓고 볼 때, 에딘저가 욥기를 한 개인의 실제 경험이 반영되었을 법한 기록으로 간주하는 것은 흥미로운 일이다. 그는 욥의 세 친구를 그 개인이 **능동적인 상상력**을 발휘한 사례들로 보며, 그 세 친구에 한 사람이 추가된 것은 문제의 극복을 암시한다고 제안한다. 따라서 엘리후의 발언은 욥의 고난이 극복될 것을 미리 알리는 신호로 해석되어야 한다는 것이다. 그 세 사람, 또 네 사람의 역할에 관해서는 Edinger, ibid., 179-93을 보라.

융의 관점에서 자기(Self)는 의식적인 부분과 무의식적인 부분을 모두 포괄하는 그 사람 전체의 중심이며, 이에 반해 자아(Ego)는 의식적인 인격의 중심이 된다. 나아가 자기는 객관적 정체성이 머무는 곳인 반면, 자아는 주관적 정체성의 중심이다. 융은 자기(Self)를 하나님의 형상(*imago dei*)과 동일시한다. 그곳은 하나님과 인간이 대면하는 창조적인 중심부이며, 구약의 지혜서는 이를 "마음"(the heart)이라 부른다.

심리적으로 자기와 자아의 관계는 대단히 중요하며, 많은 심리 문제가 자기-자아 관계의 관점에서 규명된다. 융은 팽창된 자아와 소외된 자아, 그리고 자기와 대면한 자아를 각기 구분하며, 이 대면을 통해 자아와 자기 사이에 건강한 관계가 형성된다. 여기서 팽창된 자아는 곧 자아가 스스로를 자기와 동일시하는 상태를 가리킨다. "그것은 작은 것(자아)이 더 큰 것(자기)에 속한 성질들을 가로채어 자신의 것으로 삼고, 그 적절한 크기 이상으로 팽창된 상태이다."[45] 그러나 이 상태는 한없이 지속될 수 없다. 삶을 살아가는 동안, 그 팽창된 자아가 품었던 기대는 좌절을 겪기 때문이다. 그리하여 자아와 자기 사이에는 소외가 생겨난다. "이 소외는 타락, 추방, 치유되지 않는 상처, 영속적인 고통 등의 이미지로 상

45 Edinger, *Ego and Archetype*, 7.

징화된다."[46] 이 관점에서, 이 소외의 경험은 자기를 의식하고 그 자기와 건강한 관계를 맺는 길로 나아가는 과정에서 꼭 필요한 단계이다.

융에 따르면, "자기는 스스로를 실현하려 노력하는 가운데서, 모든 측면에서 인격적인 자아의 한도 너머로 뻗어나간다. 모든 것을 아우르는 그 속성 때문에, 자기는 자아보다 밝은 동시에 더 어둡다. 그에 따라 자아는 회피하고 싶은 문제들에 직면하게 된다.…이런 이유로, 자기를 체험할 때 자아는 늘 패배를 겪게 된다."[47] 그러므로 자아가 팽창된 상태는 하나님과의 관계에서 '나'의 정체성을 찾기보다, 그 '나'를 자기 존재의 중심으로 삼아 우상처럼 숭배하고 있음을 나타내는 징후이다. 건강한 상태를 향한 여정에는 바로 이 자아, 곧 '나'를 그 중심에서 끌어내리는 작업이 수반된다. 그 '나'는 자기**의 일부**이며 그 자기**에 의해 구성**되는 존재이지, 자기 **자체**는 아닌 것이다.

융뿐 아니라 19세기 덴마크의 기독교 철학자 쇠렌 키르케고르(Søren Kierkegaard)의 관점에서도, 자아가 팽창된 상태에서 소외된 상태를 거쳐 자기와 건강한 관계를 이룬 상태로 나아가는 과정은 고통과 분투를 통해 진행된다. 이는 자아가 본능적으로 그 여정에

46 Ibid., 37.

47 Carl. G. Jung, *Mysterium Coniunctionis* (Collected Works 14; Princeton: Princeton University Press, 1966-1979), 778.

저항하기 때문이다.[48] 그리하여 성숙 또는 내적 변화는 바로 자기와의 대면을 의미한다.

이 이론은 욥이 겪는 시련을 이해하는 데 어떤 도움이 될까? 그는 자신이 소중하게 여기던 모든 것을 잃고, 절망과 소외의 상태에 빠져 들어갔다. 만약 융의 관점대로 자기를 으뜸가는 가치로 간주한다면, 무엇이든 그보다 덜한 것들, 곧 팽창된 자아에 밀접히 연관된 가치에 관한 애착에서는 **벗어나야만 한다**. 이 말은 욥이 참된 신자가 아니었다는 뜻이 아니다. 다만 그는 신자로서 성장하고 발전해 가야 할 필요가 있었다는 것이다. 그는 성화로 불리는 일, 곧 하나님을 닮아 거룩하고 온전하게 되는 일에서 자라가야 했다.

> 욥는 신자로서 성장하고 발전해 가야 할 필요가 있었다. 그는 성화로 불리는 일, 곧 하나님을 닮아 거룩하고 온전하게 되는 일에서 자라가야 했다.

분명히 욥은 삶의 의미를 가족과 번영, 건강에 두고 있었다. 이 점은 가족에 대한 그의 과잉 보호를 보여 주는 1:5과 자신이 죽을 때 일어날 일에 관해 부

48 David Bakan, *Disease, Pain and Sacrifice: Toward a Theology of Suffering* (Chicago: University of Chicago Press, 1968), 72. 바칸은 이렇게 주장한다. "고통은 의식적인 자아에게 주어지는 요구로서, 자아는 중심에서 밀려난 부분을 유기적인 통합체 속으로 다시 이끌어 와야 한다. 또한 고통은 자아에게 부여되는 명령으로, 자아는 목적지향적인 중심화를 이룰 책임을 이행해야 한다. 이는 자아 자신이 목적지향적인 탈중심화의 결과로 생겨났기 때문이다."

풀려진 전망을 품고 있었음을 보여 주는 3:14-15(30:1도 보라)에서 살펴볼 수 있다. 후자의 경우에, 그는 자신이 이 땅의 위대하고 현명한 이들과 함께 평안을 누리게 되었을 것이라고 상상한다! 이처럼 자신이 애착을 쏟던 가치들을 빼앗기자, 그는 절망에 빠져 십자가의 성 요한(St. John of the Cross)이 말한 "영혼의 깊은 밤"에 들어가게 되었다.[49] 욥의 삶은 산산이 깨어졌으며, 이에 그는 이 창조 세계 역시 산산이 부서져 버리기를 구했다(3장).[50]

알터는 욥기 3장을 두고 "사실상 누구도 벗어날 수 없는 인간의 근본적인 자기중심성을 강력하고 생생하게, 있는 그대로 드러낸 글"로 묘사한다.[51] 그리고 쉬퍼데커는 이렇게 덧붙인다. "욥 자신의 세계는 불확실성 또는 혼돈(ζγρ) 속에 빠져 버렸으며, 이제 그는 창조 세계 전체를 그 혼돈에 빠뜨리려고 애쓴다. 그는 먼저 이 세계를 저주하고, 그 혼돈스러운 성향을 하나님께 속한 것으로 돌린다."[52] 욥은 여전히 자신의 결백을 확신하고 있었다. 에딘저에 따르면, 그럼으로써 그는 자기 인격의 어둡고 "그늘진 부분"을 헤아리지 못하고 있음을 스스로 드러낸 것이다.

---

49 St. John of the Cross, *The Dark Night of the Soul* (3d ed.; London: Burns & Oates, 1976). 이 책은 욥을 반복적으로 언급한다.

50 Leo G. Perdue, *Wisdom Literature: A Theological History* (Louisville, Ky.: WJK Press, 2007), 98-102; Fishbane, "Jeremiah IV 23-26 and Job III 3-13: A Recovered Use of the Creation Pattern."을 보라.

51 Alter, *The Art of Biblical Poetry*, 96.

52 Schifferdecker, *Out of the Whirlwind*, 67-68.

욥기에서 반복되는 대화들은 조급한 독자를 안달 나게 만들지만, 우리가 책을 읽어 가는 과정에서 바로 그 대화의 반복을 통해 그의 문제점이 실제로 부각된다. 자아의 고집스러운 저항에는 몇 번이고 똑같은 문제들로 되돌아가는 일이 포함되기 때문이다. 덧붙이자면 욥의 친구들도 이와 유사하게 자기 인격의 그늘진 측면을 의식하지 못하는 모습을 보인다. 그들 역시 몇 번이고 똑같은 문제들로 되돌아가기 때문이다.

에딘저의 관점에서, 욥기의 중심에 하나님이 계신다는 점은 깊은 의미를 지닌다. 그럼으로써 욥의 고난에는 **의미가 있음**이 보증되기 때문이다. 하나님과 대면함으로써, 욥은 그의 자아가 자신의 총체적인 자기 됨 또는 피조물 됨에 관해 전혀 무지한 상태에 있었음을 깨닫게 된다. 그는 하나님이 아니었던 것이다.

사탄은 욥이 하나님을 저주하게 될 것이라고 주장하며, 그의 아내도 그렇게 행하라고 욥을 부추긴다. 이를 통해 부각되는 것은 자아의 팽창됨에 관련된 문제이다. "그러므로 자아는 그 불같은 시련으로 시험을 받도록 계획되어 있었다. 그 극심한 시련을 통해, 욥은 하나님의 실제 모습을 온전히 대면하게 되었던 것이다.…하나님의 목적은 욥이 그분을 알게 되는 데 있었다고 말할 수 있다."[53] 하나님과의 매혹적인 대면을 통해, "욥의 질문들은 응

53 Edinger, ibid., 80.

답되었다. 이는 이성적인 논리에 의해서가 아니라 생생한 체험을 통해서였다. 또 그는 자신이 찾으려고 애썼던 고난의 의미를 발견하게 되었다. 그 의미는 바로 자율적이며 원형적인 혼(psyche)의 의식적인 실현에 있었던 것이다. 그리고 이 실현은 **오직 고된 시련을 통해서만** 이루어질 수 있었다."[54]

이런 설명은 단순한 해답에 온갖 복잡한 이론을 덧붙인 것처럼 보일 수 있다. 곧 욥은 자신이 그저 피조물일 뿐, 하나님이 아님을 깨달아야 했던 것이다. 우리는 이렇게 생각하기 쉽다. '나도 그리스도인인데, 그 정도쯤은 다 알지!' 하지만 욥도 배워야 했듯이, 단순히 어떤 것에 관해 아는 일과 마음 깊은 곳에서 그것을 **체험적으로 아는** 일에는 차이가 있다. 인간의 자율성 추구, 곧 하나님의 뜻에 따르기보다 인간 자신의 뜻대로 행하려 하는 것은 창세기 3장에서 이 세상에 죄를 들여온 바로 그 죄이다. 인류의 역사에서 이 추구는 무수한 방식으로 지속되어 왔으며, 아마도 현대 세계를 **지배하는 죄**임이 분명하다. 현대성이 주는 유익이 많지만, 그 깊은 뿌리에는 하나님의 존재를 외면하고 인간 자신을 삶의 중심에 두려는 갈망이 있다. 이 독소는 우리의 신경 조직에 깊이 심겨 있으며, 쉽게 떨쳐 버릴 수 있는 것이 **아니다**.

그렇다. 욥기에 담긴 진리는 궁극적으로 단순한 것이지만, 동시

---

54 Ibid., 91. 강조는 내가 한 것이다.

에 심오한 것이기도 하다. 욥은 잠언이 출발점으로 여기는 곳에 도달하게 된다. 이는 "여호와를 경외하는 것이 지혜의 근본"이라는 것이다(잠 1:7; 9:10). 하지만 그것은 우리가 영영 뒤에 남겨 두는 출발점이 아니다. 오히려 그것은 그 진리를 더 온전히 깨닫고 이해하기 위해, 우리가 몇 번이든 돌아오게 되는 출발점이다. 이는 위대한 시인 엘리엇(T. S. Eliot)이 일깨우는 바와 같다.

> 우리는 탐험을 그치지 않을 거라네
> 그리고 모든 탐험의 끝에서
> 우리가 출발했던 그곳으로 돌아오게 되지
> 그러면 그곳이 어딘지를 처음으로 깨닫게 된다네[55]

지혜는 그저 하나님을 머리로만 아는 지식이 아니라, 그분을 실존적으로 아는 지식이다. 우리는 그 지식이 우리의 존재 전체에 스며들어 우리의 삶을 변화시키게끔 해야 한다. 욥기는 이 과정이 종종 고통스러운 것이 될 수 있음을 상기시킨다. 때로 우리는 용광로 같은 단련 과정을 거쳐야만 하는 것이다.

욥기를 문학적, 심리학적으로 읽을 때, 욥기는 전도서와 마찬가지로 참된 지혜의 필수 요소인 변혁적 차원을 다룬 책이라는 사실을 알게 된다. "욥기는 실로 신적인 지혜에 입문하는 과정에 관한

55 T. S. Eliot, *Four Quartets*, "Little Gidding" V.

기록이며, 그 과정은 고된 시련을 통한 시험으로 이루어져 있다. 그러나 그 시험을 성공적으로 통과할 경우, 존재의 새로운 상태에 이르게 된다."[56]

56 Edinger, ibid.

| 읽어 볼 글들 |

- 욥기의 심리학적 독법에 관심이 있는 경우, 에드워드 에딘저의 책 『자아 발달과 원형』(학지사, *Ego and Archetype*[Penguin, 1972, 76-96])을 구할 수 있다면 그 책에서 욥기를 논한 부분을 읽어 보는 것도 좋겠다.
- 이와 유사한 독법을 전도서에 적용한 예로는 Craig G. Bartholomew, *Ecclesiastes*, BCOTWP.(Grand Rapids: Baker, 2009), 375-89를 보라.
- 성경은 시련을 통해 연단된 인물들의 이야기로 가득 차 있다. 예를 들어 요나서를 읽고, 요나의 여정을 욥의 여정과 비교해 보라.

| 생각해 볼 질문 |

01 욥기의 심리학적 독법이 당신에게 도움이 되는가? 그렇다면 그 이유는 무엇이며, 그렇지 않다면 그 이유는 무엇인가?

02 욥이 겪은 여정은 좋은 상담자가 갖춰야 할 자질에 관해 무엇을 가르쳐 주는가?

03 욥이 겪은 변화의 여정을 통해, 당신이 거쳐 온 어떤 힘든 시기에 관해 얻게 된 깨달음이 있는가?

7장

욥과 예수님

신약에서 욥을 언급하는 유일한 구절은 야고보서 5:11이다.

> "보라 인내하는 자를 우리가 복되다 하나니 너희가 욥의 인내를 들었고 주께서 주신 결말을 보았거니와 주는 가장 자비하시고 긍휼히 여기시는 이시니라"

우리는 예수님의 형제였던 야고보가 쓴 이 서신에 세심한 주의를 기울이는 편이 현명할 것이다. 유혹과 시련에 관해 할 말이 많았던 야고보는 고난을 인내하며 견딜 것을 논하는 단락에서 욥을 언급한다(약 5:7-12). 그는 고난 중에도 인내한 이들의 사례로 선지자들과 욥을 들고 있다. 그는 욥에게 "주께서 주신 결말"을 통찰력 있게 언급하고, 곧이어 놀라운 가르침을 전한다. "주는 가장 자비하시고 긍휼히 여기시는 이시니라." 고난을 견디라는 5장의 이 언급은 동일한 주제에 관한 1장의 언급에서 이어지는 것으로 보인다. 1장에서 야고보는 하나님이 우리의 인격을 빚으시기 위해서는 그 견딤이 꼭 필요하다고 지적하고 있다. 이렇게 야고보는 고난을 견딘 사례로서, 또 하나님이 그 고난을 통해 단련시켜 가신 사례로서 욥의 이야기에 담긴 의미를 바르게 일깨워 준다.

성경의 다른 부분에서 욥이 언급되는 경우

욥기와 야고보서를 제외하면, 성경에서 욥을 언급하는 본문은 에스겔서가 유일하다. 에스겔 14:14, 20에서 욥은 노아, 다니엘과 함께, 그 의를 다른 자에게 넘겨줄 수 없는 인물의 긍정적인 예로 언급되고 있다.

욥기 28:12에서, 욥은 이렇게 묻는다. "지혜는 어디서 얻[는가]?" 그리고 신약은 또렷이 대답한다. "그리스도 안에서." 현대에 들어와서 욥기의 기독론적 해석을 가장 광범위하게 시도한 이는 100페이지에 걸쳐 욥에 관해 논한 독일의 신학자 칼 바르트(Karl Barth)였다.[57] 바르트의 주

야고보는 고난을 견딘 사례로서, 또 하나님이 그 고난을 통해 단련시켜 가신 사례로서 욥의 이야기에 담긴 의미를 바르게 일깨워 준다.

57 Karl Barth, *CD* (IV.3.1; §70), 368-478.

장에 따르면, 욥은 참된 증인으로서 인류의 거짓됨에 맞섰던 그리스도를 표상하는 인물이다. 예수님에 관한 신약의 이해에서, 욥기를 주된 자료로 여기는 것은 아니다. 그러나 예수님을 인격화된 지혜로 간주하는 맥락에서는 그분을 욥과 연관 짓는 일에 분명한 타당성이 있다. 욥의 경우처럼, 예수님의 지혜에서도 고난은 그 중심에 놓인다. 히브리서 5:8-9에서는 (욥처럼) 예수님도 고난을 통해 변화되셨다고 지적한다. 예수님은 그 고난을 통해 순종을 배우고 온전하게 되셨던 것이다. 예수님이 받으신 고난은 욥이 받은 것과 마찬가지로 끔찍한 것이었다. 감람산에서 예수님은 깊이 번민하셨으며, 예수님이 흘린 땀은 핏방울같이 되었다(눅 22:39-46).

하지만 욥과 달리, 예수님은 하나님의 처사가 부당하다고 항변하지 않으셨다. 겟세마네 동산에서 기도하신 때와 십자가에 달리신 때처럼 가장 깊은 암흑 속에 계셨던 순간("나의 하나님, 나의 하나님, 어찌하여 나를 버리셨나이까")을 제외하면, 그분께는 그런 일이 없었다. 또 욥과 달리, 예수님은 온 세상의 죄와 그 죄책을 짊어지고 고난을 받으셨다. 그리고 예수님은 그 짐에 짓눌려 죽임을 당하셨지만, 승리를 거두시고 살아나셔서 모든 이에게 하나님 나라의 문을 열어 주셨다. 성경 이야기의 중심에는, 죽임당하셨으나 이제는 보좌에 앉으신 어린양이 계신다. 모든 고난은 예수님의 죽음을 통해 궁극적으로 제거될 것이다. 그러나 하나님 나라가 시작된 이후에도 그 나라가 완성되기까지, 신자들은 계속 고난당할 것이며 욥기와 같은 책을 늘 필요로 할 것이다. 그럼에도 우리는 우리의 구속자가 살아 계시며, 우리가 살아서 그분을 보게 될 것을 안다.

복음서에서 예수님은 우리에게 십자가를 지고 그분을 따를 것을 권고하신다(마 10:38; 16:24; 막 8:34; 눅 9:23). 예수님은 이것을 그분의 제자가 반드시 지녀야 할 표지로 여기신다. 한 주석가가 통찰력 있게 지적했듯이, 고대 세계에서 어떤 이가 십자가를 질 경우 바라볼 수 있는 목적지는 단 하나, 곧 십자가 처형장뿐이었다. 그러므로 그리스도인들은 예수님이 그러셨듯이 고난을 감당할 준비가 되어 있어야 한다. 따라서 우리는 제자도를 배우는 데 욥기를 중요한 자료로 삼을 수 있다.

그리스도인들은 예수님이 그러셨듯이 고난을 감당할 준비가 되어 있어야 한다. 따라서 우리는 제자도를 배우는 데 욥기를 중요한 자료로 삼을 수 있다.

| 읽어 볼 글들 |

- 마가복음 8:27-9:1
- 히브리서 5:1-9

| 생각해 볼 질문 |

01 욥은 예수님과 어떤 점에서 유사하고, 또 어떤 점에서는 다른가?

02 이미 예수님이 오셨는데, 욥기와 같은 책이 여전히 우리에게 필요한 이유는 무엇인가?

8장

독자가 겪는 변화의 여정

그러면 우리는 이 욥기라는 놀라운 책에서 무엇을 배워야 할까? 첫째, 우리는 이 책을 대단히 실제적인 것으로 읽어야 한다. 어떤 성서학자들의 연구는 이 점에서 그리 유익하지 못했다. 그들은 온갖 방식으로 욥기를 탐구했지만, 사람을 변화시키는 하나님의 말씀에 귀 기울이기 위해 욥기를 읽지는 않았기 때문이다. 그의 책 『반복』(*Repetition*, 치우)에서 쇠렌 키르케고르는 욥기를 받아들이는 법에 관해 훨씬 더 바람직한 본보기를 제시한다.

> 내게 욥기가 없었다면 어떻게 되었을까! 그 책에 담긴 미묘한 의미들을 말로 다 표현하는 것도, 그 이야기가 내게 얼마나 다양한 의미를 지니는지를 서술하는 것도 불가능한 일이다. 어떤 이

가 다른 책을 눈으로만 읽듯이 나는 욥의 이야기를 대하지 않는다. 오히려 나는 이를테면 그 책을 내 마음속에 펼쳐 놓고, 일종의 투시력을 동원하여 세부 내용을 온갖 다양한 방식으로 해석하면서 마음의 눈으로 그 내용을 읽어 간다. 자신이 배운 내용을 다음 날 아침에 깰 때 잊어버리지 않으려고 교과서를 베개 밑에 넣고 자는 어린아이처럼, 나는 밤에 그 책을 침대로 가져간다. 욥이 쏟아 놓는 말은 모두 내 비참한 영혼을 위한 음식과 옷과 치료제가 된다. 그가 쏟아 놓는 말들은 나를 무기력 상태에서 흔들어 깨우고, 쉼 없이 활동하도록 새로이 자극을 준다. 또 그 말들은 내 안에서 단조로이 격동하는 상념들을 가라앉히며, 말 못할 격정 가운데서 느끼는 끔찍한 어지러움을 그치게 한다. 당신은 정말 욥기를 읽어 본 적이 있는가?…이런 종류의 글은 무엇이든 내 병든 마음에 하나님이 발라 주시는 치료약과 같다.…번민의 격정을 이렇게 쏟아내는 글은 세상 어디에서도 찾아볼 수 없다.…밤이 되면 나는 집안 곳곳마다 불빛을 환히 밝히고는 일어서서 그 글의 일부를 큰 소리로, 거의 외치듯이 읽어 내려간다.…나는 이 책을 여러 번 되풀이해서 읽었지만, 읽을 때마다 말 한마디 한마디가 새롭게 다가온다.…나는 마치 주정뱅이처럼, 나 자신을 취하게 만드는 격정을 조금씩 들이마신다. 그렇게 한참 동안 그것을 들이켜고는, 마침내 그 격정에 취해 의식을 잃을 지경이 되는 것이다.[58]

---

58 Søren Kierkegaard, *Fear and Trembling / Repetition* (trans. H. V. and E. H. Hong; Princeton: Princeton University Press, 1983, 『공포와 전율, 반복』, 다산글방), 204-05.

키르케고르에게 고난은 낯선 것이 아니었으며, 그는 욥기의 내용을 마음속 깊이 새기면서 읽을 필요성을 바르게 인식하고 있었다. 우리 역시 그렇게 행해야 한다.

키르케고르와 욥기

1843년, 덴마크의 철학자 쇠렌 키르케고르는 욥기에 관해 두 편의 글을 썼다. 첫째 글은 그의 책 『반복』의 한 부분이며, 둘째 글은 욥기 1:20-21에 관한 '교훈적인 담론'인 "주신 이도 여호와시요 거두신 이도 여호와시오니 여호와의 이름이 찬송을 받으실지니이다"(The Lord Gave, and the Lord Hath Taken Away, Blessed Be the Name of the Lord.)[59]이다.

둘째, 우리는 욥기에서 고난도 제자도의 일부일 수 있음을 배워야 한다. 물론 일부러 고난을 찾아다녀야 하는 것은 아니다. 그것은 순교를 하나님께 대한 최상의 섬김으로 여긴 초대 교회의 일부 그리스도인들이 범했던 실수였다. 오히려 고난을 피할 수 있다면, 그 길을 택해야 한다. 하지만 이 세상을 살아가면서 고난을 전혀 겪지 않는 것은 드문 일이다. 욥의 경우에 그랬듯이, 우리에게 고난이 임해야 한다면 어떻게든 고난은 닥쳐오기 마련이다.

사람들이 고난을 받는 데는 여러 이유가 있다. 때로 고난은 우리가 범한 **죄 때문에** 찾아온다. 죄는 고난을 불러올 수 있으며, 실제로도 그런 결과를 낳는다. 교도소에 갇힌 살인자를 생각해 보

59 역주: 쇠렌 키르케고르, 『주신 이도 여호와시요 거두신 이도 여호와시오니』, 표재명 옮김, 프리칭아카데미, 2010.

라. 교도소에 갇히는 것은 결코 유쾌한 일이 아니지만, 그런 고난을 초래한 이는 바로 그 사람 자신이다. 또 다른 예로 약물 남용을 들 수 있다. 그런 식으로 자신의 신체를 학대하는 것은 죄가 되는 일이며, 무서운 중독을 낳을 수 있다. 그런데 죄와는 상관없이 고난이 닥쳐오는 경우도 종종 있다. 이는 건강과 부와 번영을 중시하는 일부 운동에서 설파하는 메시지와는 상반되는 것이다. 그리스도인들, 특히 북미 신자들의 경우, 고난은 늘 (개인적인) 죄의 결과로 빚어지는 것이며 하나님께 순종하기만 하면 번영은 자연히 뒤따라오는 것이라고 믿도록 종종 유혹을 받는다.

그러나 모든 고난이 죄와 연관되어 있는 것은 결코 아니다. 선량한 이들에게도 나쁜 일이 닥쳐오기 때문이다. 구약에서 그 진리를 일깨워 주는 것이 바로 욥이다. 욥의 친구들의 발언을 통해, 우리는 죄가 고난을 낳는다는 등식의 단순화된 적용이 얼마나 수치스럽고 해로운 것이 될 수 있는지를 상기하게 된다. 실제로 하나님은 그 친구들의 충고 자체를 악한 것으로 정죄하셨다(42:7을 보라). 또한 우리는 욥의 이야기에서, 때로는 가장 경건한 이들까지도 끔찍한 고통 속에 살아가도록 부름받는 것을 보게 된다. 빌닷이 그런 것처럼(8:4), 그런 고통에 처한 이들에게 그들 자신의 죄 때문에 고난이 닥쳐왔다고 지적하는 것은 매우 악한 일이다.

일부 그리스도인들의 경우에는 모든 고난을 죄의 결과로 여기지는 않지만, 그럼에도 장기간 골치 아픈 일에 시달리는 이들을 홀대하는 못된 습관이 있다. 그들은 하나님이 그 골치 아픈 경험 속에 깊이 관여하고 계실지도 모른다는 점, 그럼으로써 그 과정에서 놀라운 일들을 드러내실 수도 있다는 점을 헤아리지 못한다. 우리는 주님이 그러셨던 것처럼 우리도 고난받을 수 있음을 생각하면서 십자가의 기독교를 회복해야 한다. 그런 고난을 견딘 후, 우리는 주님이 그 고난을 통해 이루신 일들을 보면서 놀라게 될 것이다.

셋째, 우리는 하나님이 고난을 사용하셔서 그분의 백성을 가장 심도 있게 빚어 가신다는 것을 인식해야 한다. 이런 관점에서, 우리는 욥기를 통해 고난의 여러 특성을 파악할 수 있다.

> 주님이 그러셨던 것처럼 우리도 고난받을 수 있다. 그런 고난을 견딘 후, 우리는 주님이 그 고난을 통해 이루신 일들을 보면서 놀라게 될 것이다.

욥기에서 한 개인의 **이야기**를 통해 고난의 문제를 다루는 것은 우연이 아니다. 실제로 고난은 철학 논증처럼 추상적인 것이 아니라, 특정한 개인의 삶과 그 이야기 속에 뿌리를 둔 것이다. 고난은 실존적인 깊이를 지니며, 그 깊이를 헤아리기 위해서는 그 고난에 처한 사람의 이야기를 들어야만 한다. 앞서 우리는 하나님이 현재의 고난을 통해 이루어 가시는 일, 또 장차 이루어 가실 일에 관해 욥의 이야기에서 어떤 식으로 실마리를 제시하는지를 살펴보았다.

그런데 고난의 본질은 무엇인가? 나우웬(Nouwen)은 가장 치유하기 힘든 것은 **우리 자신의 상처**라고 바르게 지적한다. 어려움을 당하는 이들의 곁에 있어 주는 것과 우리 스스로 극심한 어려움을 견디며 살아가는 것 사이에는 큰 차이가 있다. 고난의 중요한 특징은 그것이 무서울 정도로 개인적인 성격을 지닌다는 데 있다. 여기서 그 자신만의 지옥을 통과하는 것은 **욥**이지, 그 친구들이 아니다. 이는 3:25에서 욥이 토로하는 바와 같다. "**내가** 두려워하는 그것이 내게 임하고 **내가** 무서워하는 그것이 내 몸에 미쳤구나." 욥이 겪는 것과 같이 극심한 고통은 독특하며 개인적인 성격을 지닌다. 성경에서 큰 고통을 당한 다른 인물들과 욥을 비교할 때, 우리는 각 개인이 겪는 고통이 서로 얼마나 다른지를 보게 된다.

전도서의 주된 등장인물이며 보통 '설교자'로 번역되는 코헬렛(Qohelet)도 큰 고통을 당하지만, 그가 겪는 고통은 존재 깊은 곳에 좌절감을 안겨 준 지적 위기에 더 가깝다. 그는 삶의 의미를 필사적으로 찾아 헤매다가 그런 고통에 직면한다. 요나 역시 고통을 겪지만, 그가 겪은 고통 또한 욥이나 코헬렛이 겪은 것과는 매우 다르다. 극심한 고난은 우리를 우리 자신 속에 가두어 버리는 듯하다. 그 끔찍한 일을 당하는 사람은 우리 자신뿐이기 때문이다.

뮤지컬 '레 미제라블'에서 한 등장인물은 이렇게 노래한다. "말로는 표현할 수 없는 슬픔이 있다네." 이 구절은 극심한 고난이 지닌 끔찍한 개별성을 일깨운다.

고난을 예견할 수 있다면, 그것에 대처하기는 훨씬 쉬워질 것이다. 우리는 그에 관한 자료들을 살피고, 적절한 방책이 마련되어 있는지를 확인하는 등의 조치를 취하면서 그 고난에 대비할 수 있다. 하지만 고난의 본질은 두려울 정도로 급작스럽게 닥쳐온다는 데 있다. 욥은 그에게 닥쳐온 일에 관해 전혀 대비할 수 없었다. 바로 전날까지는 모든 것이 평탄했지만, 그다음 날이 되자 그의 삶은 갑자기 엉망이 되고 말았다. 그리하여 다시는 이전의 상태로 돌아갈 수 없게 되었던 것이다. 심지어 고난이 좀 더 천천히 닥쳐온다 해도, 그 격렬함과 공포는 여전히 두려운 충격으로 다가온다.

또한 고난은 수수께끼 같은 것이다. 자신에게 닥쳐온 일을 이해하려고 분투하는 욥의 모습을 보면서, 우리는 이 점을 거듭 헤아리게 된다. 고난에는 깊은 수수께끼가 담겨 있다. 심지어는 그 일이 해결되었을 때조차도 내게 닥쳐온 이 고난은 무엇이며, 그 고난이 **내게** 닥쳐온 이유는 무엇인지에 관한 설명이 반드시 주어지는 것은 아니다. 고난은 항상 우리로 이 수수께끼에 직면하게 만든다. 욥과 마찬가지로 우리는 그 일이 벌어진 **이유**만 안다면, 어떻게든 그 일에 대처할 수 있을 것이라고 절실히 느끼기 때문이다.

가슴 아프게도, 우리는 욥의 발언이나 그 친구들과 주고받는 대화를 통해 그가 참으로 상처받기 쉬운 상태에 있음을 보게 된다. 그의 삶은 산산조각이 나고, 이로 인해 그는 매우 취약한 상태에 놓이게 되었다. 우리는 고난받을 때 다양한 감정을 경험하게 되는데, 그중 일부는 그 존재조차도 거의 알지 못했던 것들이다. 욥이 그랬듯이, 우리는 신앙을 벗어나 격렬한 절망과 친구들을 향한 분노로, 차라리 태어나지 않았던 때를 동경하는 갈망으로, 또 하나님을 향한 비난으로 나아가게 될 수 있다. 가려운 상처를 내버려 둘 수 없듯이, 우리는 거듭 자신의 고통으로 시선을 돌리게 된다. 고난은 우리 삶의 지평을 뒤덮으며, 우리는 어디서든 그것에 마주하게 된다.

결과적으로, 고난은 믿기 힘들 정도로 다루기 힘든 문제다. 극심한 고난 가운데서는 질서정연한 모습을 전혀 찾아볼 수 없다. 그 고난은 우리가 발을 디딜 땅을 앗아가 버리며, 우리는 마치 물에 빠진 사람처럼 삶에 대한 통제력을 되찾으려고 필사적으로 애쓰게 된다. 이제 우리는 함께 있기에 유쾌한 이들이 아니다. 우리는 감정적인 혼돈에 빠지고, 자신이 당한 시련 외에는 어떤 것에도 주의를 돌릴 수 없게 되었다. 또 우리를 이해해 주지 못하는 이들에게는 격한 비난을 퍼붓게 된다. 이처럼 욥과 그 아내의 관계는 엉망이 되었다. 하나님과의 교제는 흔적도 없이 사라진 듯했으며, 친구들은 전혀 도움이 되지 않음이 드러났다. 그리고 욥 자신은 존경받던 인물에서 멸시의 대상으로 추락해 버렸다.

고난의 본질은 그것을 통제할 수 없다는 데 있다. 그전까지 욥은 자신의 일들을 잘 다스리며 다른 이들에게도 조언을 베풀어 주곤 했다. 하지만 자신의 삶이 갑작스러운 통제 불능 상태에 빠지게 되자, 그는 속수무책일 뿐이었다. 이런 점에서 욥기 29:1-6은 매우 교훈적이다.

> 욥이 풍자하여 이르되
> 나는 지난 세월과 하나님이 나를 보호하시던 때가
> 　다시 오기를 원하노라
> 그때에는 그의 등불이 내 머리에 비치었고
> 　내가 그의 빛을 힘입어 암흑에서도 걸어다녔느니라
> 내가 원기 왕성하던 날과 같이 지내기를 원하노라
> 　그때에는 하나님이 내 장막에 기름을 발라 주셨도다[60]
> 그때에는 전능자가 아직도 나와 함께 계셨으며
> 　나의 젊은이들이 나를 둘러 있었으며
> 젖으로 내 발자취를 씻으며
> 　바위가 나를 위하여 기름 시내를 쏟아 냈으며

---

60 역주: NIV에는 이 구절이 "그때에는 내 집이 하나님과 친밀한 교제를 누렸도다"(when God's intimate friendship blessed my house)로 번역되어 있다.

욥은 하나님과 "친밀한 교제"를 나누던 때를 회상한다. 욥은 이름뿐인 기독교인이 아니라 하나님의 은총과 위로를 체험한 적이 있는 이였다. 물론 그의 삶이 늘 평탄했던 것은 아니다. 하지만 욥은 과거의 어두웠던 시기에 관해서도 이렇게 표현하고 있다. "내가 그의 빛을 힘입어 암흑에서도 걸어다녔느니라." 곧 욥은 시편 23편을 경험적으로 알고 있었던 것이다. 그는 좋을 때나 궂을 때나 주님이 자신의 목자 되심을 알고 있었다.

그러나 이제 욥은 전혀 다른 일을 경험하게 된다. 그의 삶에 최악의 위기가 닥쳐온 때, 곧 그에게 하나님이 가장 절실히 필요했던 그때, 그분이 그와 전혀 함께하시지 않는 것처럼 여겨졌던 것이다! 십자가의 성 요한이 표현한 바에 따르면, 이는 영혼의 어두운 밤이 무엇인지 보여 주는 고전적 사례이다. 그 시기가 임할 때, 우리는 숨 막히는 어둠 속에 있지만 하나님은 그 속에 함께하시지 않는 듯한 상태를 체험하게 된다. 이런 종류의 고통은 통제 불능이다. 우리 각자에게는 하나님이 고통 가운데서도 함께하시며 그 어려움을 헤쳐 나갈 힘을 주셨던 경험이 있을 것이다. 하지만 욥이 겪는 것과 같은 고통 속에서는 그런 위안이 느껴지

십자가의 성 요한이 표현한 바에 따르면, 이는 영혼의 어두운 밤이 무엇인지 보여 주는 고전적 사례이다. 그 시기가 임할 때, 우리는 숨 막히는 어둠 속에 있지만 하나님은 그 속에 함께하시지 않는 듯한 상태를 체험하게 된다.

지 않는다. 세상은 미쳐 버린 듯하고, 하나님은 우리의 귀한 친구가 아니라 적대자가 되어 버리신 것처럼 여겨진다.

그리고 이런 종류의 고난은 오래도록 지속된다. 욥기에서는 그 길고 반복적인 발언들을 통해 우리에게 이 점을 보여 준다. 그 발언들이 끝없이 이어지는 듯이 느껴지는가? 고난은 바로 그런 식으로 우리에게 다가온다. 하루하루는 더디게 지나가고, 내일은 관두고라도 오늘 이 순간을 어떻게 견딜지조차 확신할 수 없다. 우리의 삶이 눈앞에 닥쳐온 끔찍한 상황 속에 갇히게 되면서, 미래에 관해 품었던 계획은 모두 좌절되고 만다.

이처럼 고난은 예기치 않게 다가와서 우리를 혼란에 빠뜨리므로, 우리는 종종 의지할 친구나 상담자를 선택할 수 없는 상황에 놓이게 된다. 욥의 친구들은 욥을 위해 시간을 내고, 칠 일간 침묵 속에서 함께 탄식하며 애도하는 좋은 모습을 보였다. 그러나 대화가 시작되고 나자, 그 친구들은 곧 기계적인 신학의 잣대로 욥의 고난을 해석하면서 대립적인 태도를 취했다. 안타깝게도, 그럼으로써 그들은 욥이 받는 고난을 가중시켰던 것이다. 이는 선의를 품은 친구들이 쉽게 범할 수 있는 잘못이며, 욥은 그 점을 제대로 지적한다. "너희는 거짓말을 지어내는 자요 다 쓸모없는 의원이니라"(13:4).

욥의 친구들은 극심한 고난에 처한 이에게 좋은 친구가 **되어 주**

지 못하는 법을 보여 주는 실례로 드러났다. 그들은 고난에 빠져 취약한 상태에 놓인 이들이 가급적 피해야 할 유형의 친구이다. 여러분이 고통에 처할 때, 자신의 관심사와 판단 범주에 맞춰 여러분을 쉽사리 판단해 버리는 친구들을 경계하라. 욥의 친구들은 고통에 처한 욥의 곁에 있어 주는 것으로 만족하고, 그의 말에 더 욱더 귀를 기울였어야 했다. 그들은 그가 당한 일의 불가해성을 인정하고, 하나님의 도우심과 조명을 구하면서 함께 부르짖어야 했다.

고난으로 가득 찬 이 세상에서, 좋은 친구와 상담자들은 귀한 보물 같은 존재이다. 욥기에서 배울 점 한 가지는 그런 친구들을 얻는 일뿐 아니라 우리 자신이 그런 친구가 되는 일에도 힘써야 한다는 것이다. 그런데 놀랍게도, 현재의 복음주의자들은 고대에 존재했던 영성 지도의 관습을 되찾고 있다. 현명한 영성 지도자는 고난의 시기에 귀중한 힘이 되어 줄 수 있다.[61] 그리고 슬기로운 영성 지도자라면, 결코 하나님의 역할을 스스로 떠맡으려 하지 않을 것이다. 오히려 지혜로운 지도자는 하나님의 뜻을 구하며 분별하는 우리의 여정에 겸허히 동행해 줄 것이다.

앞서 우리는 욥기의 심리학적인 독법이 지닌 가치를 논했다. 바

61 영성 지도의 실행에 관한 논의로는 Eugene H. Peterson, *Working the Angles: The Shape of Pastoral Integrity* (Grand Rapid, Mich.: Eerdmans, 1987, 『균형 있는 목회자』, 좋은씨앗)를 보라.

람직한 형태의 심리학과 정신 의학은 귀한 선물이며, 고난의 시기에 큰 도움을 줄 수 있다. 그러나 슬프게도 많은 경우에 심리학과 정신 의학은 철저히 세속적인 성격을 띠며, 살아 계신 하나님을 의도적으로 무시하는 성향을 보인다. 욥이 발견했듯이 그에게 궁극적으로 필요했던 분은 바로 하나님이셨으며, 그를 괴롭히던 문제는 하나님과의 대면을 통해 해결되었다. 극심한 고난에 처할 때, 문제의 초점은 하나님이 정말로 계시는지 여부에 놓인다. 우리는 고난 중에 마땅히 주위 사람들에게 도움을 청해야 할 것이다. 그러나 온갖 도움을 얻게 된다 해도, 하나님을 기다리면서 그 분 안에서, 그분을 통해 해결책을 얻는 길을 대신할 방편은 없다.

욥기에서 배우는 큰 교훈은 고난 중에 있을 때에는 하나님 앞에서 자신을 철저히 드러내야 한다는 것이다. 우리는 격분하며 고함칠 수도, 항변하고 비명을 지르며 울부짖을 수도 있다. 결국 자신이 겪는 고통에 대한 욥의 반응은 하나님께 인정을 받았지만, 그 친구들의 기계적인 신학은 정죄되었다. 이와 유사하게, 여러 시편에서도 절망과 고투 가운데서 하나님께 부르짖는 모습을 보게 된다. 그 시편들은 우리가 주의해야 할 본보기이며 기도이다.

우리는 욥의 이야기에서, 욥이 자기가 받는 고난을 통해 자기 인격의 어두운 측면을 직시하게 되는 모습을 살펴보았다. 많은 이들은 이 점에 전혀 신경 쓰지 않으면서 살아가지만, 그들이 꼭 옳은 것은 아니다. 우리는 자신을 아는 법을 배울 필요가 있다. 자신은 누구이며, 자신이 지닌 힘에는 어떤 어두운 측면이 있는지를 헤아리는 일에 적극적으로 힘을 쏟을 필요가 있다. 우리는 하나님이 우리를 거룩하고 온전한 사람으로 빚으려 하신다는 것을 안다. 그리고 우리는 자신의 성장과 발전에 능동적인 관심을 쏟음으로써 성령님이 행하시는 일에 협력할 수 있다. 이 노력은 우리가 지닌 인간성의 모든 측면에 연관되는 일이다.

네덜란드의 예술사가인 한스 로크마커(Hans Rookmaker)는 이런 질문을 던진 적이 있다. "하나님은 왜 우리를 구원하시는가?" 그러고는 이렇게 통찰력 있는 대답을 제시했다. "우리를 온전한 사람으로 만드시기 위해서이다." 오늘날의 교회에서는 우리가 지닌 인간성을 무시하는 방식으로 기독교를 제시할 때가 너무나 많다. 그러나 거룩함은 삶의 모든 영역에서 하나님의 뜻에 합한 사람이 되는 것과 관련된 일이다. 이레네우스(Irenaeus)는 이런 유명한 말을 남겼다. "사람의 인격이 온전히 살아날 때, 하나님이 영광을 받으신다!" 교회 안에서 '성화'를 논할 때, 우리는 거룩함을 온전한 사람 곧 하나님이 원하시는 사람이 되는 일로 이해하는 성경적 관점을 되살려야 한다.

앞서 보았듯이, 고난받을 때 우리는 끔찍한 고독을 경험하게 된다. 고난은 독특하며 개인적인 것이다. 그러나 성경에 욥기가 기록되어 있다는 사실은, 우리는 결코 혼자가 아님을 일깨워 준다. 지금 우리가 처한 상황을 다른 이들도 겪었던 적이 있고, 우리는 그들의 이야기에서 교훈을 얻고 소망을 발견할 수 있다.

> 고난받을 때 우리는 끔찍한 고독을 경험하게 된다. 고난은 독특하며 개인적인 것이다. 그러나 성경에 욥기가 기록되어 있다는 사실은, 우리는 결코 혼자가 아님을 일깨워 준다.

지나치게 피상적인 현대의 기독교와는 달리, 전통적인 기독교에서는 그리스도인의 삶에서 고난이 담당하는 역할을 잘 이해하고 있다. 앞서 나는 십자가의 성 요한이 묘사한 **영혼의 깊은 밤**에 관해 언급한 바 있다. 좋은 영성 지도자들은 그 깊은 밤을 헤쳐 나가는 법에 관해 풍성한 경험을 지니고 있다. 그 일에 도움이 될 서적들 역시 매우 많으며, 여기에는 끔찍한 고난을 헤쳐 나온 이들이 기록한 이야기들도 포함된다. C. S. 루이스는 그 아내가 암으로 죽었을 때 엄청난 고통을 겪었으며, 그의 책 『헤아려 본 슬픔』(*A Grief Observed*, 홍성사)은 그런 아픔을 감당하며 살아가는 이에게 많은 도움을 준다.[62] 또 니콜라스 월터스토프(Nicholas Wolterstorff)는 성인인 아들을 등반 사고로 잃고, 『나는 사랑하는 사람을 잃었습니다』(*Lament for a Son*, 좋은씨앗)라는 책을 썼다. 이 책은 고통에 처한 많은 이들에게 유익이 되었다.

62 C. S. Lewis, *A Grief Observed* (London: Faber & Faber, 1961).

제리 싯처(Jerry Sittser)는 젊은 교수였으며, 그의 아내는 자녀들을 가정에서 교육하고 있었다. 당시 미국 원주민 문화를 배우고 있던 그들은 어느 날 오후 원주민 정착지를 방문했다. 그곳에서 돌아오는 길에, 그들이 탄 차는 술 취한 원주민이 운전하는 차와 정면으로 충돌했다. 싯처의 어머니, 아내, 자녀 한 명이 목숨을 잃었다. 그의 책 『하나님 앞에서 울다』(*A Grace Disguised*, 좋은씨앗)에서, 싯처는 어떤 시점에 이르렀을 때 의식적으로 그 어둡고 끔찍한 경험 속에 다시 들어가야만 했던 일을 묘사한다. 그때 그는 그 결과가 어떻게 될지 전혀 알지 못했다. 그러나 여러 해가 지난 후, 그는 지난 일을 돌아보며 자신이 겪은 고난을 '은혜'로 표현하게 되었다.

소설가 프레드릭 비크너는, 그의 자서전적인 작품에서, 자신의 어린 시절에 아버지가 자살한 일이 그의 삶 전체에 어떤 변화를 주었는지를 묘사한다.[63] 그리고 인생에서 많은 고난을 겪은 저술가 헨리 나우웬 역시 자신의 경험에 관해 정직하게 서술하는 은사를 지니고 있었다. 그의 불안한 영혼이 토론토의 라르쉬 공동체에서 마침내 안식을 찾은 후, 친밀한 관계를 깊이 갈망하던 그는 최

---

63 Frederick Buechner, *The Sacred Journey: A Memoir of Early Days* (New York: Harpercollins, 1982). 또한 그가 쓴 *Now and Then* (New York: HarperOne, 1991); *Telling Secrets* (New York: HarperOne, 1991); *The Eyes of the Heart* (New York: HarperOne, 1999)를 보라.

악의 위기를 겪게 되면서 심각한 신경쇠약에 시달렸다. 그는 그 경험을 토대로, 『마음에서 들려오는 사랑의 소리』(*The Inner Voice of Love: A Journey through Anguish to Freedom*, 바오로딸)라는 아름다운 책을 저술했다.

확실히 그리스도인들도 고통에서 면제되지는 않으며, 우리는 어려운 시기를 견디는 데 도움을 주는 풍성한 자원을 전통에서 발견하게 된다. 이전에 다른 이들도 지금 우리가 당하는 일을 겪었다는 것을 아는 것만으로도 힘이 된다. 또한 그들이 어떻게 조금씩 길을 찾아갔으며, 그 과정에서 그들이 얼마나 깊이 변화되었는지를 배움으로써 힘을 얻게 되는 것은 말할 나위도 없다.

아마 고난에 담긴 은혜와 하나님의 섭리가 가장 놀랍게 확증된 사례 중 하나는 20세기 일본의 그리스도인 나가이 다카시(Nagai Takashi)의 경우일 것이다. 나가이는 어른이 된 후 기독교(가톨릭)로 회심했으며, 일본의 한 생명력 있는 기독교 공동체의 일원이 되었다. 그 공동체는 여러 세기 동안 혹독한 박해를 받아 온 집단이었다. 나가이는 방사선과 의사였고 교수였으며, 한 아내의 남편이자 한 아이의 아버지였다. 원자폭탄이 나가사키에 투하되던 날, 그는 그 도시에 있었다. 나가이의 아내인 미도리(Midori)를 비롯한 수많은 이들은 그 끔찍한 방사선 분출 때문에 즉시, 또는 얼마 이후에 사망했다. 팔천 명 이상의 그리스도인들이 그 폭발로 숨을 거두었으며, 나가사키 성당도 파괴되었다.

나가이는 그 잿더미 위에서 거행된, 죽은 이들을 기리는 레퀴엠 미사에서 말씀을 전해 달라는 부탁을 받았다. 그는 무슨 말씀을 전할지 깊이 생각했다. 이윽고 말씀을 전하게 되었을 때, 그는 1945년 8월 9일 아침에 항복할지, 싸움을 지속할지를 결정하기 위해 최고전쟁지도회의가 열렸던 것을 언급했다. 이날 오전 11시 2분 원자폭탄이 나가사키에 투하되었으며, 그와 같은 시간에 일본 천황은 자신의 입장을 굳히고 무조건적인 항복을 선언했다. 그 천황의 칙령은 8월 15일에 공표되었고, 이로써 전쟁은 끝이 났다. 그런데 나가이는 8월 15일은 성모 승천 대축일이기도 하다는 것을 지적한다. 그는 이 두 사건의 일치는 "하나님의 기이한 섭리"였다고 언급하면서, 이렇게 주장한다.

> 하나님의 섭리로 우라카미[64]가 선택되었고, 우리가 사는 집들 바로 위에 폭탄이 떨어졌습니다. 이렇듯 나가사키가 파괴된 것과 전쟁이 끝난 일 사이에는 심오한 관련성이 있지 않겠습니까? 나가사키는 제2차 세계 대전 중에 모든 나라들이 지은 죄를 속죄하기 위해 선택된 제물이 아니었을까요? 곧 이 땅은 그 죄를

64 역주: 우라카미(Urakami)는 나가사키 북부의 한 지역으로, 당시 원폭이 투하된 바로 그 지점이다. 이곳은 도쿠가와 이에야스 시대 이후로 수백 년간의 핍박 속에서도 은밀히 신앙을 지켜 온 기독교인들의 본거지였으며, 1895년에는 아시아 최초의 성당이 이곳에 세워졌다.

씻기 위해 제단에 드려진 온전한 번제물, 흠 없는 어린양이 아니었을까요?[65]

나가이는 방사선 노출로 인해 사망했지만, 그 생애 말기에 하나님의 사랑을 참으로 놀랍게 증언했다. 그는 일련의 책들을 집필하고, 끝까지 단순하고 섬기는 삶을 살다가 갔던 것이다. 폴 햄(Paul Ham)의 말처럼, "나가이의 신앙은 하나님이 욥에게 허락하셨던 가장 혹독한 시험까지라도 견뎌 낼 수 있었을 것이다."[66]

욥기에는, 극심한 고난은 영예로운 것이라는 놀라운 메시지가 담겨 있다. 대개의 경우, 우리는 지나온 일들을 돌아보면서 비로소 그 점을 깨닫게 된다. 우리 또는 주위의 누군가가 그 어둠 속을 헤쳐 나온 후에야 그 일을 헤아리게 되는 것이다. 따라서 지금 끔찍한 고통에 처한 이들에게 그 점을 계속 언급하는 것은 무익한 일이다. 그러나 욥기에서는 욥의 고난이 영예로운 것이었음을 분명히 밝히며, 비크너는 그 점을 아름답게 표현하고 있다.

---

65 이 글은 폴 글린(Paul Glynn)의 탁월한 저서인 *A Song for Nagasaki: The Story of Takashi Nagai: Scientist, Convert, and Survivor of the Atomic Bomb* (San Francisco, Calif.: Ignatius, 1988), 188에서 인용했다. 『나가사키의 노래』(바오로딸).

66 Paul Ham, *Hiroshima Nagasaki: The Real Story of the Atomic Bombings and Their Aftermath* (London: Transworld, 2011), 59.

그의 종들에 관해서는 물론이고 집이 바람에 쓰러지면서 목숨을 잃은 자기 자녀들에 관해서도, 욥은 아무 설명을 듣지 못했다. 이는 그가 그 설명을 구하지 않았기 때문이다. 하나님이 이 세상의 시초부터 존재해 온 모든 아픔과 고난의 이유를 놀라운 방식으로 설명해 주실 수 있다 해도, 자신에게는 더 이상 그런 설명이 필요치 않음을 그는 알았다. 그는 자신의 눈으로 직접 하나님을 뵈었다. 결국 하나님은 자신의 광휘로 만물을 옷 입히시는 분이었다. 그 피조물들이 아무리 작든, 아무리 혼란스러워하든, 어떤 고통 가운데 있든 간에 모두 그분의 광휘 안에 있었던 것이다. 그리고 그것으로 충분했다.[67]

그는 순수하고 강렬한 빛과 생명, 기쁨이 충만한 큰 영광을 보았으며, 거칠고 두렵지만 아름다움이 가득한 노래처럼 울리는 큰 목소리를 들었다. 그리하여 그 순간 이후, 다른 것은 아무것도 중요치 않게 되었다. 그가 내세울 법한 의문은 다 안개처럼 사라져 버리고, 이에 관해 내놓을 법한 설명도 모두 마른 풀처럼 시들어 버렸다.[68]

욥은 고난을 통해 하나님을 훨씬 더 깊이 체험했으며, 그 과정에서 더 현명하고 나은 사람이 되었다. 고난은 늘 수수께끼 같은 것이지만, 그중에서도 욥이 겪은 것과 같은 고난은 기이하게도 그

67 Buechner, *Peculiar Treasures*, 77.
68 Buechner, *Peculiar Treasures*, 76.

삶의 핵심을 건드리면서 정말 변화가 필요한 부분들에 작용하곤 한다. 이와 유사하게, 창세기 22장에서는 아브라함이 겪었던 참혹한 일이 서술된다. 그는 가서 자기 아들 이삭을 제물로 바치라는 명령을 받았던 것이다. 언약을 받기에 합당한 자가 되기 위해, 그는 이삭이 상징하는 그 언약을 자발적으로 포기해야만 했다.

> 욥이 겪은 것과 같은 고난은 기이하게도 그 삶의 핵심을 건드리면서 정말 변화가 필요한 부분들에 작용하곤 한다.

고난에는 **악한** 요소가 있다. 그렇기에 욥기 1-2장에서 사탄에게 역할이 부여된다. 하지만 그 악은 자신의 마수를 너무 멀리 뻗치다가 패배하는 습성이 있다. 사탄은 욥이 결국에는 그렇게 더욱 성숙하고 현명해지며, 더 큰 은총을 받는 사람이 되리라고는 미처 예상하지 못했을 것이다. 욥기와 같은 책은 우리로 하여금 힘겹더라도 최악의 고난을 직시하게 한다. 그리하여 우리는 그 모든 공포와 고뇌, 수수께끼에 대면하게 된다. 그러나 또한 그 책을 통해, 우리는 심연에서 벗어나 노리치의 줄리언(Julian of Norwich, 중세 영국의 신비주의 사상가 - 역주)과 함께 이렇게 말할 힘을 얻는다. "다 잘될 것이며, 모든 종류의 일들이 다 잘될 것이다."

우리는 상담자들 역시 고난의 용광로를 통해 그 자질이 형성된다는 점을 인식해야 한다. 나우웬은 『상처 입은 치유자』(*The Wounded Healer*, 두란노)라는 제목의 책을 집필했다. 마음의 상처는 우리를 감당하기 버거운 혼란에 빠뜨린다. 대부분의 사람들은 자신의 역겹고 악취 나는 상처를 직시하느니, 차라리 수천 킬로미터 장거리 경주에 나서는 편을 택할 것이다. 하지만 아이러니하게도, 우리는 바로 그 상처를 통해 성장하게 된다. 다른 이들의 삶을 치유하는 좋은 상담자가 되려면, 먼저 자신이 그 상처를 직시하고 치유된 경험이 있어야만 한다. 우리에게는 좋은 목회자와 상담자들이 필요하다. 하지만 기억하자. 그런 이들을 얻으려면, 그들에게 먼저 단련의 용광로를 통과할 여지를 허락해 주어야 한다.

| 읽어 볼 글들 |

- 욥기 29-30장
- 8장에서 언급한 책 중 한 권을 읽고, 그 저자가 겪은 일을 욥과 비교해 보라.

| 생각해 볼 질문 |

01 매우 많은 사람들은 지금의 자신이 되기까지 어떤 사람이나 일들의 영향을 받았는지 잘 의식하지 못하면서 살아간다. 우리 인생 이야기의 주요 윤곽을 지도로 나타내거나 상세히 그려 보라. 이는 그 일을 헤아리는 데 유용한 연습이 된다.

---

02 당신은 그 속에서 하나님의 임재를 체험하게 되는 고난과 하나님이 전혀 함께하시지 않는 듯이 느껴지는 고난 사이의 차이점을 인식하고 있는가?

---

03 당신이 생각하기에, 하나님이 가장 절실히 필요하다고 느껴질 때 때로는 그분이 우리에게서 물러나 계시는 이유는 무엇인가?

---

04 욥기에서 배우게 되는 교훈의 관점에서 볼 때, 당신이 가장 관심을 쏟아야 할 영역은 무엇인가?

---

05 당신은 그 영역에 어떤 식으로 관심을 쏟을 계획인가?

9장

결론

키르케고르도 분명히 알았듯이, 우리에게는 욥기가 필요하다! 슬프게도 오늘날의 그리스도인들에게 욥기는 잘 알려져 있지 않으며, 많이 읽히거나 연구되지도, 자주 설교되지도 않는다. 이는 우리에게 큰 해가 되는 일이기에 변화가 필요하다. 이 책이 그런 변화를 가져오는 데 기여했으면 하는 것이 내 소망이다.

욥기는 고난받는 이들과 그들을 상담하는 이들 모두에게 중요한 교훈을 준다. 우리가 진심으로 하나님께 소리치고 싶을 때, 욥기는 곁에서 우리를 돕는다. 극심한 고난에 처한 이들에게, 욥기는 가장 어두운 시기에도 하나님이 우리와 함께하시면서 그분의 일을 이루고 계신다는 사실을 되새겨 준다. 하나님이 행하시는 일을 도저히 헤아릴 수 없고, 심지어는 하나님도, 이 세상도 미쳐 버린 것처럼 여겨질지라도, 하나님은 우리 곁에 계신다.

또한 용기는 그런 이들과 상담하는 사람들을 향해, 회개가 요구되는 때와 사람이 헤아릴 수 없는 방식으로 하나님이 심오하게 일하고 계시는 때를 분별할 것을 요청한다. 후자의 정황에서 상담자가 범할 수 있는 최악의 잘못은 손쉬운 해답을 제시하는 것이다. 현명한 상담자라면 고난받는 이에게 가급적 힘이 되어 주고, 하나님이 이루시는 일들을 보게 될 때까지 함께 기다려 주어야 한다. 결국 그 고난은 **지나가게** 될 것이며, 야고보와 함께 우리는 이렇게 외치게 될 것이다. "주께서 주신 결말을 보라!"

> 극심한 고난에 처한 이들에게, 욥기는 가장 어두운 시기에도 하나님이 우리와 함께하시면서 그분의 일을 이루고 계신다는 사실을 되새겨 준다.

| 읽어 볼 글들 |

- 욥기의 내용에 익숙해질 수 있도록, 시간을 내어 주의 깊게 천천히 읽어 보라.

| 생각해 볼 질문 |

01 욥기를 읽어 가면서, 당신은 어떤 메시지를 얻었는가?

____

02 잊지 말아야 할 교훈이 있다면 무엇인가?

____

| 더 읽어 볼 글들 |

- 욥기를 읽고 또 읽으라. 그 책을 이해하려면, 본문 자체에 깊이 몰입하는 것보다 더 나은 방법이 없다.
- 최근에 나온 욥기 주석 중 가장 좋은 것은 Lindsay Wilson, *Job*. 2 Horizons OTC. (Grand Rapids: Eerdmans, 2015)로 여겨진다.
- Craig G. Bartholomew and Ryan O'Dowd, *Old Testament Wisdom: A Theological Introduction* (Nottingham: Apollos; Downers Grove, Ill.: IVP Academic, 2011)도 유용한 자료가 될 수 있다.
- *Lexham Bible Dictionary*에 실린 유용한 자료들을 참조하라. 이 사전은 인터넷의 LexhamBibleDictionary.com에서 찾아볼 수 있다.
- 고난당한 사람들의 이야기를 읽고, 그들이 그 고난 속에서 어떻게 하나님을 만났는지 살펴보라.

부록 A

구약의 '하나님을 향한 두려움' 개념

마일스 커스티스(Miles Custis)

구약에서 '하나님을 향한 두려움'(Fearing God)은 중요한 개념이다. '두려움'은 무서움이나 공포의 의미로 쓰일 수도 있지만(창 3:10), 구약에서 그 개념은 종종 경외심이나 공경하는 마음을 나타낸다. 하나님을 두려워하는 것은 그분께 충성하며 그 언약을 신실하게 지키는 일을 뜻한다. 하나님을 두려워하는 이들은 하나님을 신뢰하고 하나님이 주신 명령에 순종하는 모습을 보인다. 구약에 따르면, 그러한 이들은 하나님의 보호하심을 받으며 하나님이 주시는 지혜와 복을 누린다.

하나님의 거룩하심에 대한 반응

하나님을 향한 두려움은 종종 그분의 거룩하심에 대한 반응으로 생겨난다(출 3:5-6; 사 8:13). 예를 들어, 성경의 저자들은 하나님과 그분의 이름이 거룩하며 '두려운' 성격을 지닌다고 묘사한다

(시 111:9, 개역개정판에는 "지존하시도다"로 번역되어 있다 - 역주). '두려운'이라는 표현은 히브리어 *nora*를 번역한 것인데, 이 단어는 '두려워하다'를 의미하는 *yara*의 한 형태이다. 하나님을 향한 두려움은 그분의 위대하심과도 연관되어 있다(신 7:21; 시 99:3). 사람들은 하나님이 행하신 큰 일 때문에 하나님을 두려워한다(출 15:11). 그 예로, 이스라엘 백성은 자신들을 애굽에서 구원하여 건져 내신 하나님의 능력에 대한 반응으로 하나님을 두려워한다(출 14:30-31).

순종

성경은 종종 하나님을 향한 두려움을 순종과 대등한 것으로 간주한다. 예를 들어 창세기 22:12에서 아브라함이 하나님께 순종하여 이삭을 바치려 했을 때, 하나님은 그것을 그분을 향한 두려움의 표현으로 인정하셨다. 하나님을 향한 두려움과 순종의 연관성은 신명기 전체에 걸쳐 드러난다. 그 본문에서 하나님을 향한 두려움과 하나님의 계명을 지키는 일은 밀접히 연관되어 있다(신 5:29; 8:6; 10:12-13). 구약의 백성은 율법에 순종함으로써 하나님을 향한 두려움을 나타내 보였으며(신 6:2), 율법은 그 백성에게 하나님을 두려워할 것을 가르쳤다(신 4:10; 14:23; 17:19; 31:12-13).

레위기에서도 하나님을 두려워하는 일은 순종과 결부되며, 이는 특히 사회적 관계의 측면에서 그러하다. 한 예로 레위기의 언급에 따르면, 맹인이나 귀먹은 자를 저주하는 것과 같은 일(레 19:14)을 행함으로 다른 사람에게 악을 행하지 말고(레 25:17), 마땅히 하나님을 두려워해야 한다. 나아가 레위기 본문은 하나님을 향한 경외심을 노인 공경(레 19:32), 이자를 받지 않는 것(레 25:36), 종들을 부드럽게 대하는 것(레 25:43)에 결부시킨다.

충성심과 신실한 태도

또한 하나님을 향한 두려움은 그분을 향한 충성심과 신실한 태도에도 밀접히 결부되어 있다(대하 19:6). 한 예로 이스라엘 백성이 가나안 땅을 정복한 후, 여호수아는 그 백성에게 하나님만을 두려워하며 신실하게 섬기고 다른 신들은 멀리할 것을 명령한다(수 24:14-15). 열왕기하 17:35-39에서는 하나님을 향한 충성심이 곧 그분을 향한 두려움으로 묘사되며, 이는 다른 신들을 예배하는 것과 대조를 이룬다.

선지서와 시편의 '하나님을 향한 두려움' 개념

선지자들은 하나님을 향한 두려움을 그분께 대한 경건한 태도와 동일시한다. 하나님을 향한 두려움은 그분을 공경하는 자세(사 8:13), 그분의 명령에 순종하는 태도(사 50:10)와 결부된다. 또 선지자들은 종종 이스라엘 백성이 하나님을 향한 두려움을 버린 것을 비판한다(렘 2:19; 3:8; 말 3:5). 그리고 회복에 관해 언급할 때, 그들은 하나님의 백성 가운데에 하나님을 향한 두려움이 회복될 것을 선포한다(사 59:19; 렘 32:39-40; 호 3:5).

시편에서는 하나님을 향한 두려움을 종종 그분을 향한 신뢰와 동일한 것으로 여긴다(시 40:4; 115:11). 그리고 하나님을 신실히 섬기는 공동체를 "주를 경외하는 자[들]"이라는 호칭으로 언급한다(시 22:25; 66:16). 하나님을 두려워하는 이들은 그분의 보호하심을 받고 그분이 베푸시는 구원과 복을 얻으며(시 25:12-13; 31:19; 34:7, 9; 85:9; 111:5; 115:13; 145:19), 그분과 친밀한 관계를 누리게 된다(시 25:14; 33:18). 이와 마찬가지로, 시편은 하나님을 향한 두려움을 그분을 향한 경배 및 찬양과 동일시한다(시 5:7; 22:23; 135:20).

지혜서의 '하나님을 향한 두려움' 개념

지혜 문헌에서도 하나님을 향한 두려움은 하나의 중심 주제로 나타난다. 여기서는 몇 번에 걸쳐 그 두려움이 지혜 또는 지식의 시작점으로 언급된다(잠 1:7; 9:10; 시 111:10). 잠언에 따르면, 하나님을 두려워할 줄 모르는 이들은 지식을 미워하는 자들이다(잠 1:29). 또한 잠언은 하나님을 향한 두려움을 겸손과 의로운 삶에 결부시킨다(잠 3:7; 8:13; 14:2; 16:6; 22:4). 그리고 하나님을 두려워하는 이는 장수와 복으로 인도받게 된다(잠 10:27; 14:26-27; 19:23;

28:14). 순종의 경우처럼, 하나님을 두려워하는 태도와 지혜 사이에는 순환 관계가 있다. 하나님을 두려워하는 이는 지혜를 얻으며(잠 15:33), 그 지혜를 얻은 자는 하나님을 향한 두려움을 이해하는 데 도움을 얻는다(잠 2:1-5).

욥기는 욥을 하나님을 두려워하는 사람으로 묘사한다(욥 1:1; 1:8; 2:3). 욥이 경외심을 품은 이유에 관해 사탄이 의문을 제기하는 데서 알 수 있듯이, 하나님을 향한 그의 경외심은 사실상 이 책의 초점을 이룬다(욥 1:9). 그리고 전도서는 "하나님을 경외하고 그의 명령들을 지킬지어다"라는 권면으로 끝맺는다(전 12:13). 전도서에 따르면, 하나님이 자신의 일들을 행하시는 이유는 사람들로 하여금 그분을 두려워하도록 이끄시기 위함이다(전 3:14).[69]

69 Miles Custis, "Fearing God in the Old Testament," in *Faithlife Study Bible* (ed. John D. Barry, Michael R. Grigoni, Michael S. Heiser, Miles Custis, Douglas Mangum, and Matthew M. Whitehead, Bellingham, Wash.: Lexham Press, 2012).

부록 B

구약의 사탄과 창세기 3장의 뱀

마이클 S. 하이저 (Michael S. Heiser)

우리는 보통 창세기 3장의 뱀(*nachash*)을 동물 세계의 일원인 뱀으로 가장한 사탄으로 이해하고, 사탄은 대개 마귀로 간주한다. 그런데 이런 이해는 성경적인 것일까? 요한계시록 12:9과 20:2은 에덴동산에 있던 뱀(*nachash*)을 마귀와 결부시키고, 마귀는 사탄과 결부시킨다. 그러나 요한계시록은 신약의 마지막 책으로, 예수님이 지상 사역을 마치신 후 50년이 넘게 지났을 때 기록되었을 가능성이 크다. 나아가 '마귀'(devil)라는 표현은 헬라어 단어 '디아볼로스'(*diabolos*)에서 유래한 것으로, 구약에는 나타나지 않는다. 요한계시록에 이르기 전까지, 성경에서는 창세기의 뱀을 사탄과 연관 짓는 일이 없다.

구약의 사유에서 그 뱀을 어떤 존재로 여겼는지 파악할 때, 우리는 요한계시록에서 사탄에 관해 이러한 관점을 발전시킨 이유를 더 온전히 이해할 수 있다. 구약에서 히브리어 표현인 '사탄'(*satan*)이 지닌 의미를 조사함으로써, 우리는 그 뱀을 사탄(그리고 마귀)과 연관 지은 후기의 관점이 구약의 신학과 충돌하지 않음을 발견하게 될 것이다. 그러나 한편으로는, 그 관점이 구약적인 사유의 특징을 이루는 것 역시 아니다. 그보다, 구약 성경의 신학은 이후 신약에서 전개될 내용을 위한 하나의 신학적 틀을 형성한다. 그리고 하나님의 주된 대적을 이 형상들이 한데 모인 존재로서 묘사하는 신약의 서술은 그 틀 안에서 타당성을 지니게 된다.

사탄에 관한 구약의 언급

구약에서 히브리어 단어 '사탄'은 고유명사가 아니다. 그렇기에 그 용어 자체로는 하나님의 우주적인 대적을 가리키는 데 쓰이지 않았던 것이다. 히브리어 문법을 간단히 살펴보면 그 이유를 이해하는 데 도움이 된다.

영어와 마찬가지로, 히브리어에서는 인격을 나타내는 고유명사에 ('the'와 같은) 정관사를 부여하지 않는다. 그 예로 영어 사용자들의 경우, 자신(또는 다른 사람)을 지칭할 때 '그 톰'(the Tom), '그 재닛'(the Janet)으로 표현하지 않는다. 그러나 히브리 성경에서 '사탄'이 언급되는 스물일곱 구절 중 대부분의 경우, 정관사가 포함되어 있다. 곧 실질적으로 '그 사탄'(*the satan*)이라고 표현된 것이다. 예를 들어, 그 단어가 언급된 욥기의 모든 구절에는 정관사가 포함되어 있다(욥 1:6-9, 12; 2:1-4, 6-7). 스가랴 3:1-2에서도 이 단어는 정관사가 부여된 형태로 쓰이며, 신적인 존재를 나타낸다. 이 구절에서 대제사장 여호수아는 '사탄' 앞에 섰으며, 그 '사탄'은 여호와의 천사 앞에 여호수아가 범한 잘못들을 고발한다. 그러나 여호와께서는 그 '사탄'을 꾸짖으신다. 이는 그분이 (이스라엘 백성과 함께) 여호수아를 이미 용서하셨기 때문이다.

'사탄'을 언급하는 다른 구절 중에서는 민수기 22:22, 32과 역대상 21:1의 세 본문만이 신적인 존재를 지칭하는 데 그 단어를 사용한다. 그리고 나머지 구절들에서는 그 단어가 사람을 가리키는 데 쓰였다. 이 세 본문에는 정관사가 포함되어 있지 않으며, 이는 **문법적으로는** 그 단어가 하나님의 주된 대적을 지칭하지 못할 이유가 없음을 의미한다. 그러나 이 본문들의 정황상, 그런 해석은 배제된다. 사실 민수기의 두 구절은 여호와의 원수가 아니라 여호와의 천사를 가리킨다. 또 '사탄'이 다윗을 격동시켜 인구조사를 시행하게 하는 역대상 본문의 경우도 하나님의 대적을 가리키지 않는다. 그 사건을 기록한 병행 본문(삼하 24:1)에서 다윗을 자극하여 인구조사를 시행하게 하신 분은 바로 하나님 자신이다. 그리고 역대상 21:1에 나타나는 정황상의 단서들은 그 '사탄'이 여호와의 천사임을 나타낸다. 그러므로 이 두 본문은 조화될 수 있다. 구약은 종종 하나님과 여호와의 천사를 동일시하기 때문이다(대상 21:1을 보라). 궁극적으로, 구약에는 하나님의 신적인 적대자를 '사탄'이라는 단어로 지칭하는 본문이 나타나지 않는다.

그런데 사람들과 여호와의 천사를 지칭하는 데 '사탄'이라는 단어를 쓴 이유는 무엇일까? 그 답은 어렵지 않다. 그 표현은 '고발자', '이의를 제기하는 자'를 의미하기 때문이다. 곧 '사탄'은 특정한 행동이나 역할을 묘사하는 표현이며, 그 행동 또는 역할은 종종 누군가와 대립하거나 그를 심판하는 상황에서 수행된다. 민수기 22:22, 32의 경우, 하나님은 발람이 이스라엘 백성을 저주하러 가는 길을 막아서도록 여호와의 천사를 보내셨다. 그리고 역대상 21:1의 경우, 그 병행 본문인 사무엘하 24:1에서는 이렇게 설명한다. "여호와께서 다시 이스라엘을 향하여 진노하사 그들을 치시려고 다윗을 격동시키사 가서 이스라엘과 유다의 인구를 조사하라 하신지라." 하나님은 이미 다윗에게 노를 품고 그를 심판하기로 계획하셨다. 그러고는 천사를 보내어 다윗을 격동시킴으로써 인구조사를 시행하게 하셨으며, 이를 통해 다윗은 징벌을 받게 되었다. 하나님은 (그분의 고발자인) 천사를 도구로 삼아 다윗을 심판하셨던 것이다.

뱀에 관한 창세기의 언급

'사탄'이라는 단어는 창세기 3장 어디에도 언급되지 않으며, 이 본문에서 '뱀'으로 번역된 단어는 '나하쉬'(*nachash*)이다. 그러므로 구약에서는 이 두 단어가 동일시되지 않는다. 하지만 그 뱀(*nachash*)이 '사탄'으로 불리지 않는다고 해서, 꼭 그 뱀이 신적인 존재가 아니었음을 뜻하는 것은 아니다. '사탄'은 그 문맥에 따라 사람을 뜻하기도 하고, 신적인 존재를 의미하기도 한다. 이처럼 '나하쉬' 역시 일반적으로는 뱀을 뜻하지만, 다양한 의미로 활용될 수 있는 뉘앙스가 있다.

명사로 쓰일 때, '나하쉬'는 '뱀'을 의미한다. 그러나 그 단어의 어근이 되는 자음들은 '주술을 부리다', '점을 치다'의 뜻을 지닌 동사를 이루기도 한다(왕하 21:6; 창 30:27; 44:5을 보라). 이런 관점에서 이해할 때, 창세기 3장의 '나하쉬'는 '주술사'로 해석될 수 있다. 점을 치는 목적은 신적인 지식을 얻어 내어 전달하려는 데 있었으므로, 이런 해석은 창세기 3장의 맥락에 부합한다. 그러나 기술적이며 문법적인 이유들 때문에 그 해석은 개연성이 없는 것이 된다.

또 이 단어의 어근은 청동과 같이 빛나는 금속을 가리키는 단어들의 토대이기도 하다. 이런 금속에 관한 묘사는 구약의 다른 본문들에서 신적인 존재를 가리키는 데 쓰였다(겔 1:14-16, 27-28; 단

10:6; 이를 마 28:3, 계 10:1과 비교해 보라). 한 예로, 에스겔 28:13에서는 에덴동산에 거주했던 '기름 부음 받은 그룹'에 관해 언급한다. 만일 이 그룹이 신적인 존재라면, 이 존재의 찬란히 빛나는 외양과 창세기 3장에서 언급되는 '나하쉬'라는 단어의 어근 사이에는 어떤 연관성이 존재할지도 모른다. 그러므로 '나하쉬'라는 단어는 에덴동산에 있었던 '빛나는 존재'를 가리킬 수도 있다. 이 경우, 그는 하와에게 말을 건네고 그녀를 속인 신적인 존재였을 것이다.

에덴은 하나님이 거하시는 성전이었으므로, 이 '빛나는 존재'라는 해석은 가능성 있는 선택지가 된다. 그리고 이 해석은 그 '나하쉬'가 하와에게 말을 건넸을 때 왜 그녀가 놀라지 않았는지를 설명하는 데에도 도움을 준다. 다만 이 관점에 대한 주된 장애물은 창세기 3장과 에스겔 28장, 이사야 14장의 상호 연관성 여부에 있다. 에스겔과 이사야서 본문 모두, 에덴동산과 우주적 반역에 관해 서술할 때 뱀에 관해서는 언급하지 않기 때문이다.

이 두 표현을 결합시킨 신약의 언급

요한계시록에서는 '사탄'이라는 표현과 창세기 3장의 뱀(*nachash*)이 개념적으로 결합되며, 그 연관성은 논리적이다. 그 뱀은 원래 이 땅 위에 세워진 하나님 나라에 '맞서던 자'('적대자', 곧 '사탄')였기 때문이다. 따라서 그 '나하쉬'는 근원적인 원수, 곧 '거대한 대적'('사탄')으로 인식된다. 다만 이 연관성이 언제 발전된 것인지는 그리 명확하지 않다. 예수님의 탄생 이전에 기록된 성경 바깥의 일부 유대교 문헌들은 이 '거대한 대적'에 관해 풍성한 전승을 발전시켰다. 이 문헌들 중 일부는 그 대적을 가리키는 고유명사로 '사탄'을 사용했으며, 신약의 저자들 역시 그 단어를 사용했다. 이 성경 바깥의 문헌 중 많은 것은 묵시록의 개념들과 결부되어 있으며, 이 점은 요한계시록 역시 그러하다.[70]

70 Michael S. Heiser, "Satan in the Old Testament and the Serpent of Genesis 3," in *Faithlife Study Bible* (ed. John D. Barry, Michael R. Grigoni, Michael S. Heiser, Miles Custis, Douglas Mangum, and Matthew M. Whitehead, Bellingham, Wash.: Lexham Press, 2012).